大学生创新创业教育路径研究

徐婷婷　著

中国商业出版社

图书在版编目(CIP)数据

大学生创新创业教育路径研究 / 徐婷婷著. -- 北京 : 中国商业出版社，2024. 8. -- ISBN 978-7-5208-3113-0

Ⅰ. G647.38

中国国家版本馆 CIP 数据核字第 2024XS2574 号

责任编辑:朱丽丽

中国商业出版社出版发行

(www.zgsycb.com　100053　北京广安门内报国寺 1 号)

总编室:010－63180647　编辑室:010－63033100

发行部:010－83120835/8286

新华书店经销

北京虎彩文化传播有限公司印刷

*

787 毫米×1092 毫米　16 开　9 印张　157 千字

2024 年 8 月第 1 版　2024 年 8 月第 1 次印刷

定价:45.00 元

* * * *

(如有印装质量问题可更换)

前　言

在当今这个日新月异的时代，创新已成为推动社会进步与经济发展的核心动力，创业教育则是培养未来社会所需人才的关键环节。对于正处于知识积累与能力提升关键时期的大学生而言，创新创业教育不仅是其个人成长的重要环节，更是响应国家创新驱动发展战略、促进经济转型升级的必然要求。

创新创业教育不只是对知识的传授和技能的训练，更是一种思维方式的转变和对价值观念的塑造。同时，创新创业教育还注重培养学生的企业家精神，这将成为他们未来的宝贵财富。因此，构建一套科学、系统、具有前瞻性的大学生创新创业教育体系，显得尤为迫切和重要。

本书从大学生创新创业教育的理论基础入手，论述了大学生创新创业教育的课程体系构建；然后分析了大学生创新创业教育的资源，探讨了大学生创新创业教育的校园文化营造；最后对大学生创新创业教育的师资队伍建设进行研究。希望通过本书的介绍，能够为读者在大学生创新创业教育路径方面提供帮助。在撰写过程中，笔者参阅了相关文献资料，在此，谨向其作者深表感谢。由于笔者水平有限，加之时间仓促，书中难免存在一些不足和疏漏，敬请广大读者批评指正。

徐婷婷

2024 年 7 月

目　录

第一章　大学生创新创业教育的理论基础

第一节　创新创业教育的基本概念

一、创新创业教育的定义

（一）创新教育的定义

创新教育是培养创新人才的关键途径，对于推动社会进步、促进国家的发展具有重要的意义。随着知识经济时代的到来和科技革命的深入推进，创新已经成为一个国家核心竞争力的决定性因素。在这一背景下，创新教育的内涵和实施路径也在不断地拓展和深化。

从内涵上看，创新教育不仅局限于对知识的传授和技能的训练，更强调培养学生的创新意识、创新思维和创新能力。它要求教育者要转变传统的教学理念，突破单一的知识本位，树立以学生发展为中心的教育观。在教学过程中，教师应该激发学生的好奇心和探索欲，鼓励学生大胆质疑、勇于尝试，为其创设自主学习、自由探索的空间。同时，创新教育还应重视学生个性特长的挖掘和培养，为每个学生提供适合其发展的教育，最大限度地释放学生的创新潜能。

从实施路径上看，创新教育是一个系统工程，它需要教育理念、课程体系、教学方式、评价机制等方面的协同创新。首先，学校应转变办学理念，将创新教育理念贯穿人才培养的全过程。学校的发展规划、资源配置都要体现对创新教育的重视和支持。其次，创新教育需要与时俱进地更新课程体系，加强跨学科、跨领域的交叉融合，开设创新创业类课程，为学生的创新实践提供平台。再次，教学方式要突破传统的灌输式教学，广泛地采用启发式、讨论式、参与式教学，注重培养学生的批判性思维和创新性思维。最后，评价机制要建立多元化的标准，不仅要看重学生的学习成绩，更要重视其创新能力的表现，为学生的创新发展提供激励和导向。

（二）创业教育的定义

创业教育是一种旨在培养学生创业意识、创业精神和创业技能的教育形式，它不仅关注创业知识和技能的传授，更注重开拓学生的创新思维，培养其敢于冒险、勇于开拓的品质。创业教育的内涵丰富，涵盖了创业认知教育、创业素质教育和创业技能教育等多个维度。

1.创业认知教育

创业认知教育着眼于帮助学生了解创业的本质和规律，认识在创业过程中可能面临的机遇与挑战。通过系统地学习创业相关理论知识，学生能够深入地理解创业活动的内在逻辑，掌握分析创业环境、把握创业机会的基本方法。同时，创业认知教育还注重引导学生树立正确的创业价值观，增强其社会责任感和使命担当，为其未来成长为优秀的创业者奠定思想基础。

2.创业素质教育

创业是一项富有挑战性的事业，需要创业者具备坚韧不拔的意志、敏锐独到的洞察力、果敢负责的决策力等多方面素质。为此，创业素质教育特别注重培养学生的创新意识、冒险精神、沟通协作等核心素养。一方面，鼓励学生打破常规思维定式，让学生勇于质疑和尝试；另一方面，引导学生在创业实践中增强团队意识，提高人际交往能力。通过系统的创业素质教育，学生的创业潜力得以充分挖掘，创业基因得到有效培养。

3.创业技能教育

创业过程涉及市场调研、产品研发、营销推广、财务管理等诸多环节，对创业者的实战能力提出了较高要求。为了帮助学生掌握创业所需的专业技能，创业技能教育往往采取案例教学、模拟实训等实践性较强的教学形式。例如，通过创业沙盘模拟，学生可以在虚拟的环境中体验创业全流程，强化创业的风险意识；又如，有针对性地开设创业技能培训课程，引导学生制定商业计划书，提高其创业项目运作能力。同时，创业技能教育还十分注重校企合作，通过聘请企业导师、组织创业实习等方式，为学生搭建产教融合的实践平台，助力其在真实的创业情境中磨砺本领、积累经验。

二、创新创业教育的特点

（一）实践性

不同于传统的应试教育模式，创新创业教育对更加注重对学生创新意识、创业能力的培养，强调理论与实践相结合、知识与能力并重。这就决定了创新创业教育必须立足于实践，通过丰富多样的实践活动来实现其育人的功能。

在创新创业教育实践中，学生是学习的主体，教师则扮演着组织者、引导者和协作者的角色。教师需要精心设计教学情境，为学生提供广阔的创新创业实践平台。学生通过参与创业计划、创新项目、科技竞赛等实践活动，能够将所学知识运用到实际问题的分析和解决中，在实践中加深对理论知识的理解，提高创新创业能力。同时，在与他人合作、与市场对接的过程中，学生的沟通表达能力、团队协作意识、社会适应能力也能得到锻炼和提升。

创新创业教育实践的形式和内容是多样的，既包括创业模拟、创业训练等课内实践，也包括创业社团、创业孵化器等课外实践。课内实践重在夯实学生的理论基础，培养其创新思维和解决问题的能力。例如，通过分析创业案例，学生可以了解创业过程中可能遇到的困难和挑战，学习前人的成功经验和失败教训。而通过创业模拟训练，学生可以在虚拟的创业环境中体验创业的全过程，锻炼创业技能。课外实践则注重为学生搭建现实的创业平台，帮助其积累创业经验。学校可以设立创业社团，组织创业沙龙、创业大赛等活动，激发学生的创业热情。建立大学科技园、创业孵化基地等，为学生提供场地、资金、政策等支持，帮助学生的优秀创业项目落地生根、开花结果。

创新创业教育实践既要重视过程，也要注重结果。一方面，教师要引导学生享受创新创业的过程，让他们体会探索未知、挑战自我的乐趣，培养其冒险精神和责任担当。另一方面，教师也要关注学生创新创业实践的效果，客观评价其创新成果，总结实践中的经验教训。对于取得优异成绩的学生，学校可以给予物质和精神奖励，搭建更广阔的发展平台。而对暂时未能取得理想效果的学生，教师则要给予鼓励和指导，帮助其找出问题所在，激发其再接再厉的斗志。

(二)综合性

创新创业教育的综合性体现在多个方面。

首先，创新创业教育涉及多个学科领域，需要综合运用管理学、经济学、心理学等多学科知识，培养学生全面的创新创业素质。在教学内容上，创新创业教育不仅包括对创业知识和技能的传授，还涵盖了创新思维、创业精神、团队协作等方面的培养。这就要求教师在设计教学活动时，要充分考虑不同学科的交叉融合，引导学生构建跨学科的知识结构和思维方式。

其次，创新创业教育贯穿人才培养的全过程，需要通过课堂教学、实践活动、孵化平台等多种途径综合实施。在课堂教学中，教师应采用案例分析、小组讨论等多样化的教学方法，激发学生的创新思维和创业热情。同时，高校还应搭建创新创业实践平台，为学生提供参与创新创业项目、创业模拟实训等实践机会，提升其创新创业能力。此外，高校还需建立健全的创业孵化基地、创业导师队伍，为学生的创业实践提供全方位的支持。只有将课堂教学与实践活动有机结合，创新创业教育才能取得实效。

再次，创新创业教育面向全体学生，需要针对不同专业、不同层次的学生的特点，设计差异化的教学方案。对于理工科学生，可以侧重培养其技术创新能力；对于人文社科学生，可以重点提升其创意思维和商业计划能力。同时，创新创业教育还应满足学生个性化发展需求，为有创业意愿的学生提供更加深入、系统的指导和服务。这就要求高校构建分层分类、多元融合的创新创业教育的课程体系，为不同的学生提供个性化的成长路径。

最后，创新创业教育强调产学研用的紧密结合，需要政府、高校、企业和社会多方协同推进。高校要主动对接区域经济发展需求，积极开展校企合作，为学生搭建创新创业实践平台；地方政府应制定优惠政策，创造良好的创业生态环境，支持大学生创新创业；企业要发挥自身优势，为高校创新创业教育提供资金、技术、项目等资源支持；社会组织可以开展创新创业指导服务，以帮助大学生提升创业能力。多主体协同发力，才能形成创新创业教育的强大合力。

（三）创新性

创新创业教育不同于传统的应试教育模式，更强调激发学生的创造力，培养其敢于打破常规、勇于探索未知的创新精神。在创新创业教育中，教师不再是知识的权威和传授者，而是学生学习的引导者和促进者。教师需要为学生创造宽松、自由的学习环境，要鼓励学生大胆质疑、勇于尝试，让创新成为一种习惯和生活方式。

1.教育理念

创新创业教育倡导以学生为中心，要尊重学生的个性发展和兴趣爱好，激发学生的内在动力。教师应当转变教学观念，摒弃灌输式、填鸭式的教学方法，采用启发式、探究式的教学模式，应引导学生主动思考、积极实践。同时，创新创业教育还强调跨学科、跨领域的知识整合，鼓励学生打破学科壁垒，从多角度、多维度分析问题，培养全局性思维和系统性思考能力。

2.教学内容和方法

创新创业教育不仅要传授专业知识，更要重视对创新能力和创业素质的培养。教师应当设计富有挑战性和开放性的教学内容，鼓励学生提出新颖的想法，开展创新性实践。例如，教师可以组织创新创业大赛、项目孵化、创业模拟等活动，为学生搭建展示创意、锻炼能力的平台。在教学方法上，创新创业教育提倡体验式、项目式、案例式等参与性教学，让学生在实践中学习，在体验中成长。

3.评价机制

传统的评价往往只注重结果，忽视了过程，难以全面地评估学生的创新能力。创新创业教育应建立多元化的评价体系，将过程性评价和结果性评价相结合，更重视学生在创新实践中的表现和进步。新的评价指标不仅包括对知识的掌握程度，还应涵盖创新意识、创业精神、团队协作、沟通表达等关键能力。只有建立科学、合理的评价机制，才能真正地激发学生的创新热情，推动创新创业教育的持续发展。

三、创新创业教育的原则

（一）以学生为中心

以学生为中心是创新创业教育的核心原则之一，这一原则要求教育者转变传统的教学理念，突破“教师为主导，学生被动接受”的传统的教学模式，充分尊重学生的主体地位，关注每个学生的个性化需求，激发学生的创新潜能。在创新创业教育实践中，教师应从“教”的主导者转变为“学”的引导者，为学生提供自主探索、动手实践的机会，营造宽松、开放、互动的学习氛围。

以学生为中心的创新创业教育应体现在教学目标、教学内容、教学方法、教学评价等各个环节。在教学目标上，教师应根据学生的兴趣爱好、认知水平、发展需求等因素，为学生制定个性化的培养方案，而不是“一刀切”地为所有学生设定统一的目标。在教学内容上，教师应突破学科局限，整合跨学科知识，引入创新创业实践案例，让学生在真实情境中学习和应用知识。在教学方法上，教师应灵活运用项目式学习、案例教学、角色扮演等多种方式，以此来鼓励学生自主学习、合作探究，培养其创新思维和实践能力。在教学评价上，教师应建立多元化的评价体系，重视过程性评价和形成性评价，全面考查学生的知识、能力、情感等多方面素质，而不是单纯以考试成绩论英雄。

以学生为中心并不意味着教师在教学中可有可无。恰恰相反，这对教师提出了更高的要求。教师不仅要具备扎实的学科专业知识，还要掌握先进的教学理念和方法，应善于引导学生思考、启发学生探究。同时，教师还应成为学生在成长道路上的引路人和精神导师，以身作则，言传身教，帮助学生树立正确的人生观、价值观。只有教师能够实现角色的转变和能力的提升，以学生为中心的创新创业教育才能真正落到实处。

以学生为中心的理念不仅仅局限于课堂教学，还应贯穿于创新创业教育的各个方面。学校应完善配套政策和保障机制，为学生提供资金支持、项目指导、实践平台等，营造良好的创新创业生态。社会各界也应积极参与其中，通过校企合作、产教融合等方式，为学生搭建一座从教室到市场的桥梁。只有形成学校、企业、社会多方联动的合力，以学生为中心的创新创业教育才能焕发出更大的生命力。

（二）理论与实践结合

在创新创业教育的实践中，将理论与实践相结合是一项基本原则和重要路径。创新创业教育不同于传统的应试教育，它更加注重培养学生的创新意识、创业能力和实践技能。这就要求教育者在教学过程中，不仅要重视对理论知识的传授，更要注重将理论知识与实践活动紧密结合，引导学生在实践中内化知识、提升能力。

1.教学内容的设计要契合创新创业的实际需求

教师应根据创业项目的特点，有针对性地来选择和组织教学内容，确保理论知识能够为实践活动提供有效指导。例如，在指导学生开展创业项目时，教师可以重点讲解商业计划书的撰写、市场调研的方法、营销策略的制定等实用性强的内容，帮助学生掌握创业所需的基本技能。

2.教学方法要以实践为导向，注重理论与实践的交互融合

教师应采用案例分析、模拟实训、项目制作等参与式教学方法，为学生提供亲身实践的机会。在实践过程中，教师要引导学生运用所学理论来分析和解决实际问题，使学生更好地理解与掌握相关理论知识。同时，教师还要鼓励学生在实践中大胆创新，探索新的思路和方法，培养其敏锐的洞察力和创新能力。

3. 实践活动要与理论学习形成良性互动，相互促进、相得益彰

一方面，实践活动为理论学习提供了生动的素材和带来了现实的问题，激发了学生的学习兴趣，加深了他们对理论知识的理解。另一方面，理论学习为实践活动提供了科学的指导和方法论支撑，提高了实践的质量和效率。教师要引导学生在实践中发现问题，带着问题回到理论，进而寻找解决问题的方法和思路，形成“实践-理论-再实践”的良性循环。

(三)多元化与包容性

创新创业教育应遵循多元化与包容性的原则，这是由创新创业活动的内在特点决定的。创新创业是一项复杂的系统工程，涉及多个学科领域，需要多方主体的参与和协同。因此，创新创业教育必须要突破传统学科的界限，整合多学科的知识和方法，为学生提供全面、立体的创新创业教育服务。这就要求我们在创新创业教育中应坚持多元化的理念，为不同专业、不同层次、不同需求的学生提供个性化、差异化的教育内容和形式。

创新创业是一个充满不确定性和挑战性的过程，需要创新创业者具备勇于探索、敢于尝试的精神。这就要求创新创业教育必须要营造一种鼓励创新、包容失败的教育环境，为学生的创新创业实践提供支持和保障。在教育过程中，教师应尊重学生的个性发展，包容学生在探索过程中可能出现的失误和挫折，并且要引导学生从中汲取经验教训，帮助学生不断完善创新创业方案。

四、创新创业教育的意义

(一)推动社会进步

在当今知识经济时代，创新已经成为引领社会进步的第一动力。创新创业教育通过激发学生的创造潜能，能够培养其敏锐的洞察力、开阔的思维视野和勇于探索的精神，为社会创新发展提供了源源不断的人才支持和智力保障。

1. 创新型人才是推动社会进步的中坚力量

创新型人才善于发现问题，勇于挑战困难，敢于打破常规，能够以创新的思维和方式解决发展中遇到的各种难题。创新创业教育正是要培养这样一支高素质

的创新型人才队伍，为社会的可持续发展提供强有力的人才支撑。通过系统的理论学习和实践训练，学生能够掌握创新创业的基本方法和技能，增强自己解决实际问题的能力，为未来成长为推动社会进步的生力军奠定坚实基础。

2.创新创业活动是科技进步和经济发展的重要引擎

当前，新一轮科技革命和产业变革正在全球范围内蓬勃兴起，新技术、新产业、新业态、新模式不断涌现，为创新创业提供了广阔的舞台。创新创业教育鼓励学生将所学知识与创业实践相结合，积极投身于创新创业实践之中，推动科技成果转化和产业化应用。这不仅有利于实现学生个人价值，也能为经济社会发展注入新的活力，并且带来源源不断的发展动能。创新创业企业往往是经济转型升级的先导，代表着产业发展的未来方向。大力发展创新创业教育，能够加速新技术、新产业的孕育和成长，推动经济结构的优化调整和发展方式的转变，为社会进步提供强劲的动力。

3.创新创业教育能够引领社会风尚，营造崇尚创新、鼓励创业的良好氛围

在创新创业教育的引领下，越来越多的学生树立起了创新意识和创业精神，他们敢于走出“安全区”，勇于挑战自我，书写精彩人生。他们的创业故事和成长经历，又会感染和带动更多人投身于创新创业实践之中，形成你追我赶、奋发进取的生动局面。这种蓬勃向上、敢为人先的社会风气，有利于破除因循守旧、安于现状的观念，激发全社会的创造活力，形成推动社会进步的强大合力。

4.创新创业教育承担着服务社会发展的重要职责

随着经济社会的快速发展，各行各业对创新型人才的需求日益增加。高校作为人才培养的主阵地，有责任主动适应和满足社会发展需求，培养出大批具有创新精神和创业能力的高素质人才。通过开展创新创业教育，高校能够建立起与社会发展紧密对接的人才培养机制，源源不断地为社会输送优秀创新创业人才，有力支撑经济社会发展。同时，高校还可以发挥科技、人才、信息等资源优势，搭建产学研用协同创新平台，为创新创业者提供全方位的服务，帮助他们实现创业梦想，推动创新成果的转化和应用，使其能够更好地服务于区域经济社会发展。

（二）提升个人竞争力

提升大学生的创新创业能力，对于培养适应社会发展需要的复合型人才具有

重大意义。随着知识经济时代的到来，社会对高素质创新型人才的需求日益增长。大学生作为国家宝贵的人才资源，其创新创业能力的提升已经成为高等教育改革的核心任务之一。

1. 创新创业教育能够有效提升大学生的个人竞争力

通过系统的创新创业课程学习和实践训练，大学生的创新意识和创业精神得到了培养，创新思维和创业能力得到了锻炼。他们能够运用所学知识发现问题、分析问题、解决问题，将创意转化为现实，开发出新产品、新服务、新模式，进而为社会创造价值。这种宝贵的创新创业经历，不仅丰富了大学生的知识和阅历，更重要的是塑造了他们敢于探索、勇于创新的品格，使其能够在未来的职业发展中拥有更强的适应力和竞争力。

2. 创新创业教育能够帮助大学生实现个人价值与社会价值的统一

当代大学生普遍具有强烈的个性意识和自我实现需求。通过创新创业实践，他们能够找到实现自身价值的途径，体验创新创造的快乐，感受创业成功的喜悦。同时，大学生的创新成果转化为现实生产力，新的就业岗位由此被创造，可以带动更多人实现就业，创新创业活动对经济社会发展的推动作用得到凸显。个人追求与家国情怀在创新创业实践中得以交融，青年学子在创新创业的过程中增长才干、实现自我，也在创造社会财富、服务国家需要的过程中体现价值担当。

3. 创新创业教育有利于促进大学生全面发展

创新创业是一项极具挑战又充满艰辛的事业，它不仅需要过硬的专业能力，更需要坚定的意志品质。在创新创业的道路上，大学生难免会遇到各种困难和挫折。但正是在一次次地迎接挑战、战胜困难的过程中，他们的意志得到磨砺，耐挫力、抗压力得到提升。同时，创新创业往往需要团队协作，需要与投资人、客户、合作伙伴等利益相关方进行有效沟通。在创新创业实践中，大学生的组织协调能力、沟通表达能力、团队合作能力等得到了锻炼，领导力、决策力、执行力等得到了提升，综合素质和能力得到了全面发展。

第二节　大学生创新创业教育的理论框架

一、大学生创新创业教育的基本理论

（一）创新理论

作为人类思维活动的高级形式，创新不仅体现在科学技术领域，更渗透在经济、政治、文化等社会生活的方方面面。创新理论是研究创新活动规律、指导创新实践的重要学科，对于培养大学生的创新意识和创新能力具有重要意义。

1.创新理论的核心是创新思维

与常规思维不同，创新思维强调打破思维定式，突破既有框架，从多角度、多层次来探索问题的本质。它要求个体敢于质疑权威，勇于挑战传统，以开放、灵活的心态对待新事物、新观点。同时，创新思维还强调知识的广度和深度，主张跨学科、跨领域地思考问题，要求个体善于融会贯通、举一反三。只有具备扎实的知识基础和宽广的知识视野，才能在纷繁复杂的信息中捕捉到灵感，激发出创意火花。

2.创新理论重视创新人格的培养

创新人格是指个体在长期的创新实践中形成的稳定人格特质，如好奇心、想象力、批判性思维、冒险精神等。这些品质是创新思维得以生成和发展的重要基础，也是创新活动得以持续推进的内在动力。因此，创新理论主张通过创设问题情境、开展探究活动等方式，来激发学生的好奇心和求知欲，鼓励其大胆假设、勇于尝试，进而培养其敢为人先、挑战自我的进取精神。

3.创新理论高度关注创新环境和创新文化的建设

创新从来不是单打独斗的个人行为，而是需要良好的制度作保障和文化氛围。一方面，学校应该完善相关制度，为学生的创新活动提供必要的政策支持和资源保障，营造宽松、自由的学术环境。另一方面，学校还应积极倡导创新文化，鼓励师生解放思想、百花齐放，营造尊重个性、宽容失败、崇尚创新的文化氛围。唯有如此，才能充分调动师生的创新积极性，为创新人才的脱颖而出创造条件。

(二)创业理论

创业是一个复杂的过程,涉及创业机会识别、资源整合、风险管理等多个方面。深入理解创业的内在规律和特点,对于指导大学生创新创业实践具有重要意义。

1.创业过程理论

创业过程理论是创业研究领域的一个重要理论流派,该理论从动态、过程的视角审视创业活动,强调创业是一个非线性、不确定的过程。与传统的创业特质理论不同,创业过程理论更加关注创业过程中的关键事件、关键节点以及创业者与创业机会、创业资源之间的互动。这一理论为理解创业活动的复杂性提供了新的视角,对于创业教育具有重要的启示意义。

2.创业机会识别

创业机会识别是创业过程的起点,也是创业成功的关键。创业机会理论认为,创业机会客观存在于外部环境中,关键在于创业者能否敏锐地洞察和把握这些机会。这就要求创业者具备开放的心态、敏锐的洞察力和广博的知识储备。对于大学生创新创业教育而言,培养学生识别和把握创业机会的能力至关重要。教师应引导学生主动关注经济社会发展趋势,分析行业动态,发掘市场缺口,提升学生对创业机会的敏感性。

3.创业资源理论

创业资源包括人力资源、社会资本、财务资本等有形和无形的资源。创业资源理论认为,创业成败在很大程度上取决于创业者能否有效地整合各种关键资源。对大学生创新创业教育而言,帮助学生厘清他们在创业过程中所需的关键资源,提升其资源整合能力十分必要。教师应引导学生系统地分析创业过程的资源需求,拓宽资源获取渠道,合理调配和利用有限资源,使学生能够最大限度地发挥资源效用。

4.创业风险管理

创业风险理论从风险视角审视创业活动,强调了创业风险无处不在,创业者只有主动识别风险、科学评估风险、精准控制风险,才能在动荡的创业环境中立于不败之地。这就要求教师在大学生创新创业教育中,帮助学生树立风险意识,掌握风险管理的基本方法,提高学生的抗风险能力。通过案例分析、情景模拟等方式,引导学生系统梳理各类创业风险,评估风险发生的可能性和影响程度,制定切实可行的风险应对预案。

5. 创业学习理论

创业学习理论强调了创业是一个持续学习和动态进化的过程。成功的创业者往往具有较强的学习能力,能够在创业实践中不断总结经验教训,调整优化创业策略。对大学生创新创业教育而言,培养学生的创业学习能力至关重要。教师应引导学生端正学习态度,掌握科学的学习方法,让学生养成善于探索、勇于实践、敢于质疑的学习品格。同时,鼓励学生主动反思创业实践,梳理成功经验,汲取失败教训,在实践与理论的反复互动中实现创业能力的提升。

(三)教育理论

教育理论是指系统阐释教育现象、揭示教育规律的理论体系,它以教育实践为基础,以哲学、心理学、社会学等学科为支撑,综合运用多学科的研究方法和成果,深入探究教育的本质、内容、过程和规律,为教育实践提供理论指导和决策参考。作为大学生创新创业教育的理论基础,教育理论具有重要意义。

从本质上看,大学生创新创业教育是一种培养创新型人才的教育实践活动。它旨在通过对创新思维训练和创业能力培养,来提升大学生的创新精神、创业意识和实践能力,使其成为适应社会发展需求、推动经济转型升级的生力军。这一教育目标的实现,离不开科学的理论指导。教育理论为创新创业教育提供了基本的概念范畴、理论框架和方法论基础,这有助于厘清创新创业教育的内涵外延、价值取向和实施路径,使其能够沿着正确的方向健康发展。

从内容上看,大学生创新创业教育涉及创新思维培养、创业知识传授、创业能力训练等多个方面。这些内容的选择和组织,需要以人的全面发展为出发点和落脚点。教育理论为创新创业教育的内容设计提供了重要启示。例如,建构主义学习理论强调学生的主体地位和教师的引导作用,主张在真实情境中开展探究性学习,这对于创新创业课程的设计具有重要指导意义。又如,人本主义教育理论关注学生的个性发展和情感需求,强调营造宽松、民主的教学氛围,注重激发学生的内在潜能,这对于创新创业教育的实施具有启发作用。

从过程上看,大学生创新创业教育是一个系统化、专业化、个性化的培养过程。它不同于传统的应试教育,更加注重能力培养和素质提升。教育理论为创新创业教育的实施提供了科学的指导。例如,布鲁姆的掌握学习理论强调学习目标的阶段性和可测性,主张通过将形成性评价和总结性评价相结合的方式,动态监测学生的学习进展,为学生提供及时反馈和针对性辅导。这对于创新创业教育的过程管理和质量监控具有重要借鉴意义。再如,项目学习理论倡导在真实的项目情境中开展学习,通过亲身实践和团队协作,培养学生的问题解决能力和社会责任感,这对于创新创业教育的实施方式具有重要启示。

从规律上看,大学生创新创业教育呈现出了特定的发展规律和趋势。把握这些规律,对于科学推进创新创业教育具有重要意义。教育理论为揭示创新创业教育规律提供了理论支撑和研究方法。例如,通过理论分析和实证研究,可以探明影响大学生创新创业意愿和能力的关键因素,进而有针对性地对学生开展教育教学;又如,通过比较研究和案例分析,可以总结国内外创新创业教育的经验教训,为我国的创新创业教育改革提供有益启示。这些研究成果的获得,都离不开教育理论的指导。

二、大学生创新创业教育的教学模式

(一)理论教学模式

理论教学是大学生创新创业教育的重要组成部分,它为学生系统掌握创新创业相关知识奠定了基础。在理论教学模式的设计中,教师应掌握创新创业教育的特点和规律,遵循教育教学的一般原理,采用科学、合理的教学方法,激发学生的学习兴趣,提高教学质量。

在理论教学内容的选择上,教师应紧密结合创新创业实践,突出知识的应用性和实践性。一方面,教师要系统梳理创新创业领域的基本概念、基本原理和基本方法,帮助学生构建完整的知识体系;另一方面,教师还要选取典型案例,引导学生将理论知识与实践问题相联系,提升学生运用知识分析和解决问题的能力。例如,在讲授创业计划撰写时,教师可以选取优秀的创业计划书案例,引导学生剖析其结构特点、写作技巧,并让学生尝试撰写自己的创业计划书。通过理论与实践的紧密结合,学生能够更加深入地理解和掌握创新创业知识,为未来的创业实践奠定坚实基础。

在理论教学过程的组织上,教师应积极探索多样化的教学方式,突出学生的主体地位。传统的理论教学往往是以教师讲授为主的,学生仅仅是被动接受知识,缺乏互动和参与的机会。而在创新创业教育中,学生的主动性和创造性尤为重要。因此,教师应转变教学理念,采用启发式、探究式、参与式等教学方法,鼓励学生积极思考、勇于质疑、大胆假设、认真求证。例如,教师可以组织学生开展头脑风暴,围绕某个创新创业问题集思广益、激烈讨论;又如,教师可以为学生布置开放性的研究性学习任务,引导学生查阅文献、搜集资料、开展调研,形成自己的见解。在这一过程中,学生的创新意识和创业能力能够得到有效的培养和锻炼。

(二)实践教学模式

实践教学是大学生创新创业教育的重要环节,它通过真实或模拟的创业情境,可以让学生亲身体验创业过程,进而培养其创新意识和创业能力。与理论教学相比,实践教学更加注重学生的主体性和参与性,强调“做中学”和“学中做”的教学理念。在实践教学中,学生需要运用自身所学知识来解决创业过程中遇到的实际问题,这有助于他们巩固理论知识,提升实践技能。

实践教学模式可以分为校内实践和校外实践两种类型。校内实践主要包括创业模拟、创业项目、创业大赛等形式。其中,创业模拟是指在教师的指导下,学生分组进行角色扮演,模拟创业各环节,如市场调研、产品设计、融资策划、团队管理等,从而掌握创业的基本流程和要领。创业项目则是学生自主选择创业方向,撰写创业计划书,并且对计划书开展可行性论证,最后在教师的帮助下完成产品或服务的开发,积累实战经验。创业大赛是一种竞争性的实践活动,学生通过提交创业计划书、现场路演等方式展示自己的创业构想,相互切磋,取长补短。校外实践主要包括创业实习、创业孵化等形式。创业实习是学生到企业、创业园区进行为期数月的实习锻炼,深入参与到企业运营的过程之中,了解行业动态,开阔创业视野。创业孵化则是学校为学生提供场地、设备、资金等方面的支持,帮助其实现创业想法,开展创业实践,积累创业经验。

无论是校内实践还是校外实践,都需要遵循一定的教学原则。首先,实践教学要与理论教学紧密结合,做到知行合一。教师要引导学生将课堂所学知识运用到实践中,同时鼓励学生在实践中发现问题,使学生深化对理论的理解。其次,实践教学要以学生为中心,充分发挥其主观能动性。教师要为学生提供自主探索、动手实践的机会,鼓励其大胆尝试,勇于创新。再次,实践教学要注重过程评价和针对性指导。教师要客观记录学生的实践表现,及时给予学生反馈和指导,帮助其发现不足,改进方法。最后,实践教学要营造良好的创业文化氛围。学校要加强创业宣传和引导，开设创业讲座，举办创业沙龙，邀请创业成功者分享经验，激发学生的创业热情。

（三）项目驱动教学模式

项目驱动教学模式是当前大学生创新创业教育改革的重要探索方向，这一教学模式以真实的创新创业项目为载体，通过引导学生在项目实践中主动学习、合作探究，培养其创新意识、创业能力和综合素质。与传统的理论灌输式教学相比，项目驱动教学更加注重学生的主体地位和对学生实践能力的培养，有利于激发学生的学习热情，提高教学的针对性和实效性。

在项目驱动教学中，教师需要精心设计富有挑战性和实践价值的创新创业项目，并为学生提供必要的指导和支持。这些项目应该紧密结合专业知识和社会需求，要具有一定的前瞻性和综合性，能够引导学生将所学知识运用到实践中去。在项目实施过程中，学生需要根据项目任务来进行团队组建、角色分工，开展市场调研、可行性分析、方案设计、产品研发、测试优化等一系列工作。这一过程不仅能够加深学生对专业知识的理解和掌握，更能锻炼其创新思维、问题解决、团队协作等关键能力。

为了保证项目驱动教学的质量和效果，教师应该建立科学的评价体系，全面考察学生在项目实践中的表现和收获。评价内容应该包括项目成果的创新性、可行性、应用价值等，还要包括学生在项目中的参与度、贡献度、团队合作情况等。评价主体应该有教师、企业导师、第三方专家等，以提高评价的客观性和权威性。通过将过程性评价和结果性评价相结合，既能及时发现和解决学生在项目实践中遇到的困难，也能激励学生持续改进、追求卓越。

三、大学生创新创业教育的评价体系

（一）评价指标体系

评价指标体系是大学生创新创业教育评价的核心要素，它直接决定了评价的科学性、客观性和可操作性。构建科学合理的评价指标体系，需要遵循系统性、全面性、动态性等基本原则，综合考虑创新创业教育的目标、内容、过程和效果等多个维度。

从目标维度来看，评价指标体系应该围绕创新创业教育的根本目的，即提升学生的创新精神、创业意识和创新创业能力而设置。这就要求指标体系不仅要关注学生掌握创新创业知识技能的情况，更要评估其践行创新创业的态度、意愿和行为表现。例如，可以设置“参与创新创业实践活动的次数和质量”“撰写创业计划书的完整性和可行性”等指标，考查学生将所学知识转化为实际行动的能力。

从内容维度来看，评价指标体系需要全面覆盖创新创业教育的各个方面，包括理论教学、实践训练、项目孵化、资源配套等。理论教学指标可包括课程设置的科学性、教学方法的先进性、师资力量的专业性等；实践训练指标可包括实验实训条件的完备性、实习基地的支持度、训练项目的真实性等；项目孵化指标可包括孵化器的功能完善性、导师指导的有效性、项目转化的成功率等；资源配套指标可包括经费投入的充足性、平台建设的规范性、政策扶持的力度等。只有建立起涵盖各领域、各环节的多元化指标，才能准确反映出创新创业教育的实施状况和成效。

从过程维度来看，评价指标体系应关注创新创业教育活动的组织实施的过程，动态监测育人工作的规范性和有效性。这就要求指标体系既要设置过程管控类指标，如“教学大纲的执行度”“实践活动的遵循度”“项目评审的严谨度”等，也要设置过程评估类指标，如“学生的参与度和获得感”“教师的互动度和引导力”“第三方的反馈度和满意度”等。唯有将过程性评价与结果性评价相结合，才能动态掌握创新创业教育的实施状态，尽早发现并纠正其中存在的问题，促进育人质量的持续提升。

从效果维度来看，评价指标体系的落脚点在于创新创业教育的实际成效，即最终达成的人才培养目标。这就需要建立起多层次、多角度的效果评价指标，既包括显性的数量指标，如“学生创办企业的数量”“创新创业竞赛获奖数”“创业项目盈利额”等，也包括隐性的质量指标，如“学生创新思维的敏捷度”“解决复杂问题的能力”“社会适应与发展的潜力”等。只有坚持量化评价和质性评估相统一，才能比较完整地呈现出创新创业人才的培养成效。

（二）评价结果应用

大学生创新创业教育评价结果的应用是保证评价工作科学性和有效性的关键。评价不能仅停留在形式上，而应该将评价结果深入应用到教育教学实践中，发挥其诊断、改进和激励的功能。具体来说，评价结果的应用主要体现在以下几个方面：

1. 能了解创新创业教育的开展情况，科学诊断存在的问题

评价结果可以帮助教育管理者全面了解创新创业教育的开展情况，科学诊断

教学过程中存在的问题。通过系统分析学生的创新精神、创业意识和创新创业能力等维度的评价数据，管理者能够准确把握人才培养的现状和不足之处，为优化教学资源配置、改进人才培养方案提供决策依据。同时，评价还能揭示不同学校、不同专业间创新创业教育的差距，引导管理者凝练特色、追赶标杆，促进创新创业教育的均衡发展。

2.是教师改进教学实践的重要参考

创新创业教育评价不仅关注结果，更注重过程，会全面考察教师的教学设计、课程实施、指导服务等各环节的情况。评价结果能够反映教师在培养学生创新创业素质方面的优势和短板，帮助其查漏补缺、优化策略。通过对标评价指标体系，教师可以更加科学地设置教学目标、优化教学内容、创新教学方法，不断提升创新创业教育的针对性和实效性。

3.是激发学生创新创业动力的有力工具

科学合理的评价能够为学生的发展提供清晰的导向，引导其端正学习态度、确立成长目标。当前，许多高校将创新创业教育评价结果与学生的奖助学金评定、升学就业推荐等挂钩，使评价真正成为鼓舞学生发展的助推器。学生通过参与到评价之中，能够更加清晰地认识自身的优势与劣势，查漏补缺，并将外部要求内化为自身动力，主动投身于创新创业实践之中。

（三）评价体系优化

建立科学、规范的评价体系是保证大学生创新创业教育实施质量的关键环节。评价体系的优化应当立足于创新创业教育的内在规律和发展需求，遵循评价的客观性、全面性、发展性原则，构建起多元主体参与、多维指标并重的评价框架。

从评价主体来看，优化后的评价体系应当吸纳高校、企业、社会等多元主体参与其中。高校作为创新创业教育的组织者和实施者，应当建立健全校内的评价机制，发挥评价的主导作用。同时，企业和社会作为创新创业活动的重要参与方，也应当积极参与到评价过程中来，提供及时、准确的反馈意见。通过多元主体的协同参与，评价结果将更加客观、全面，为创新创业教育的优化完善提供有力支撑。

从评价指标来看，优化后的评价体系应当兼顾过程性指标和结果性指标，将定性评价与定量评价相结合。在过程性评价中，应当重点考察创新创业教育的课程设置、师资配备、实践平台建设等方面的情况，评估其是否能满足创新创业人才培养的需求。在结果性评价中，应当全面考查学生的创新意识、创业能力、实践成果等，科学评估创新创业教育的实际成效。同时，要将定性评价与定量评价相结合，既要重视学生创新创业能力的提升程度，也要关注其在创新创业实践中表现出的主观能动性、社会责任感等人文素养。

第三节　大学生创新创业教育的核心要素

一、创新思维与能力

（一）创新思维的培养

创新思维是指从不同的角度、不同的层面来认识事物、发现问题以及提出新颖、独特的见解和解决方案。它是一种突破常规、打破思维定式的思维方式，是创新能力的核心要素。在当前社会经济快速发展、竞争日益激烈的大背景下，创新思维的培养已经成为高等教育的重要使命。作为培养创新型人才的重要阵地，大学必须高度重视创新思维能力的培养，将其作为人才培养的核心目标之一。

创新思维能力的培养需要从课程设置、教学方式、实践活动等多个方面入手。在课程设置上，要注重基础理论与前沿知识的结合，加强学科交叉和融合，为学生提供宽广的知识视野。同时，要突出课程的挑战性和开放性，鼓励学生进行质疑、批判、探索，激发其创新灵感。在教学方式上，要突破传统的“满堂灌”模式，采用启发式、参与式、讨论式等教学方法，调动学生学习的主动性和积极性。要营造民主、平等、互信的师生关系，鼓励学生大胆表达自己的观点，勇于挑战权威。

创新思维的培养离不开实践活动的支撑，学校应搭建多样化的实践平台，如学科竞赛、创新创业项目、科研训练等，为学生提供一个施展才华、培养能力的机会。在实践活动中，学生能够将所学知识与实际问题相结合，在解决问题的过程中锻炼自己的思维能力、提升创新意识。同时，实践活动也有利于培养学生的团队精神和协作能力，这些都是创新活动不可或缺的要素。

良好的创新文化氛围也是创新思维培养的重要土壤，学校应营造鼓励创新、包容失败的校园文化，树立创新价值导向，弘扬科学精神和人文情怀。要加强创新文化建设，开展形式多样的创新文化活动，如创新论坛、创意展示等，激发全校师生的创新热情。要完善创新激励机制，在学分认定、评优评先等方面向创新型人才倾斜，使创新成为校园文化的主旋律。

（二）创新能力的提升

创新能力是指个体在已有知识和经验的基础上，运用创新思维方法，提出新颖独特的想法，创造出具有社会或经济价值的新事物的能力。它是21世纪人才必备的关键能力之一，对于大学生的全面发展和未来职业生涯具有重要意义。大学作为培养创新型人才的主阵地，应该将对创新能力的培养作为人才培养的重点，要深入探索行之有效的教育教学模式和方法。

从教育理念层面来看，提升大学生创新能力要转变传统的“填鸭式”教学观念，树立以学生发展为中心的教育理念。教师要充分尊重学生的个体差异和发展需求，为其提供自主探索、主动实践的机会，激发其内在的创新潜能。同时，教师还应构建宽松、平等、互信的师生关系，鼓励学生大胆质疑、勇于创新，为其创新能力的生成和发展提供一个良好的心理环境。

从课程设置层面来看，提升大学生创新能力要打破学科壁垒，实施跨学科的课程整合。创新往往源于不同学科知识的交叉融合，单一的学科视角难以应对日益复杂的现实问题。因此，高校要主动适应知识经济时代的要求，优化课程结构，开设跨学科、跨领域的综合性课程，为学生提供融会贯通、触类旁通的机会。通过跨学科学习，学生能够拓宽知识视野、打破思维定式，综合运用多学科知识来分析问题、解决问题，创新能力自然水到渠成。

从教学方法层面来看，提升大学生创新能力要改革传统的“满堂灌”式教学，并广泛采用启发式、探究式、参与式教学。教师要精心设计教学情境，提出富有挑战性的问题，引导学生自主思考、主动探索，在“做中学”中培养创新能力。例如，教师可以给学生布置开放性的实践任务，要求学生提出新颖的解决方案；开展头脑风暴，鼓励学生发散思维、畅所欲言；组织专题研讨，引导学生多角度分析问题、提出见解。在这些教学活动中，学生能够积极主动地建构知识体系，形成批判性和创造性思维，创新能力的提升也就水到渠成了。

从实践平台层面来看，提升大学生创新能力要搭建多样化、个性化的实践平台。创新源于实践，只有在不断地实践中学生才能真正提升创新能力。因此，高校要整合校内外资源，为学生提供丰富多元的实践机会，满足其差异化的发展需求。例如，学校可以成立大学生创新创业中心，为学生提供项目孵化、技术支持、经费资助等服务；建立创新实践基地，为学生提供动手实践、开展研究的场所；举办各类竞赛活动，搭建展示创新成果的舞台。通过参加这些实践活动，学生能够将所学知识应用于实践，在解决实际问题中提升创新能力。

（三）创新思维与能力的评估

创新思维与能力是大学生综合素质的重要组成部分，对其未来发展和全面成长具有深远影响。为了准确评估大学生的创新思维与能力，教育工作者需要从认知、情感、技能等多个维度入手来构建科学、系统的评估指标体系。

从认知维度来看，创新思维与能力的评估应重点关注学生的发散思维、批判性思维和创造性思维。发散思维是指从不同角度、方向探索问题并且提出多种解决方案的能力。它要求学生能够突破常规思路，敢于质疑，善于想象。批判性思维则强调学生对既有观点、结论进行反思和论证，培养其独立思考、明辨是非的能力。创造性思维则更进一步，要求学生在前人认识的基础上提出新颖、独特的见解，产生原创性的成果。这三种思维方式相辅相成，共同构成了创新思维的核心内涵。在评估过程中，教师可以通过头脑风暴、案例分析、开放性问题等方式，考查学生在特定情境下运用创新思维解决问题的能力。

从情感维度来看，创新思维与能力的形成离不开积极向上的情感态度。好奇心、求知欲是创新的原动力，激励着学生不断探索未知的领域。同时，在创新过程中难免遇到困难和挫折，这就需要学生具备坚韧不拔的意志和迎难而上的勇气。自信心、责任感则使学生勇于承担创新的风险，敢于挑战权威，推动创新实践的开展。因此，在评估学生创新思维与能力时，教师还应该关注其情感状态，采取问卷调查、心理访谈等方式，了解学生的兴趣爱好、价值追求，以及学生面对创新困境时的情绪反应，对学生的创新人格进行综合评定。

从技能维度来看，创新思维与能力还体现在学生运用各种方法和工具进行创造性实践的过程中。这就要求学生掌握文献检索、实验设计、数据分析等基本技能，能够从海量信息中提炼出有价值的研究问题，设计出行之有效的解决方案。在项目实施、成果转化环节，学生还需要具备项目管理、团队协作、沟通表达等综合技能，要能够将创意付诸实践。这些技能的形成需要长期的训练和实践，因此创新思维与能力的评估不能仅仅局限于静态的结果考察，更应该关注学生在创新实践中的动态表现。教师可以引导学生参与科研项目、学科竞赛、创业计划等实践活动，通过过程记录、作品评析等形式，考查学生综合运用创新技能解决实际问题的能力。

二、创业精神与素质

(一)创业精神的内涵

创业精神是一种积极进取、勇于开拓的心理状态和行为表现,它体现了创业者敢为人先、锐意进取的品格特质以及审时度势、把握机遇的精明头脑。具备创业精神的人往往会具有强烈的成就动机和责任感,他们敢于挑战困难、承担风险,以坚韧不拔的意志和持之以恒的努力追求自己的梦想。

从心理学角度来看,创业精神源自个体的内在动机和价值追求。马斯洛需求层次理论指出,当个体的生理需求和安全需求得到满足后,就会追求更高层次的需求,如尊重需求和自我实现需求。创业者往往会具有强烈的自我实现需求,渴望通过创业来实现个人价值、施展才华。同时,创业者还具有较强的成就动机,希望通过不懈地努力来取得成功,获得他人的认可和尊重。正是这种内在的动机驱使,激发了创业者的创新意识和进取精神。

从社会学角度来看,创业精神还与社会文化环境密切相关。一个鼓励创新、包容失败的社会氛围更有利于创业精神的形成和发展。在这样的环境中,个人的创造力和想象力得到激发,敢于尝试新事物、开辟新路径的勇气得到鼓舞。反之,一个保守僵化、惩罚失败的社会环境则会扼杀创业精神的萌芽。因此,营造良好的创业文化,构建包容失败的社会氛围,对于激发全社会的创业热情具有重要意义。

在创业实践中,创业精神主要体现在三个方面:创新意识、风险承担和坚韧不拔。创新是创业的灵魂。创业者要敏锐地洞察市场需求,不断开发新产品、新服务,以差异化的价值主张赢得用户青睐。同时,创业还意味着风险和挑战。创业者必须具备足够的勇气,要敢于承担失败的风险,能够在逆境中寻找机会、化危为机。这种顽强拼搏、永不言弃的品质是创业成功的关键。

(二)创业素质的构成

创业素质是创业者应具备的基本品质和能力,是创业成功的关键因素之一。它涵盖了创业者的人格特质、知识技能、价值观念等多个方面,共同构成了创业者的核心竞争力。

从人格特质来看,成功的创业者通常具有坚韧不拔的意志、勇于冒险的胆识、敢于创新的勇气。面对创业过程中的种种困难和挑战,他们能够保持乐观积极的态度,以顽强的毅力和决心去克服障碍,化危机为转机。同时,优秀的创业者还应具备良好的人际交往能力和社交技巧,要善于与他人沟通协作,建立并维系各种社会关系,为创业项目赢得更多资源和支持。

从知识技能层面来看,扎实的专业知识和过硬的实践技能是创业者必备的素质。无论是哪个行业领域,创业者只有深入地了解相关的理论知识,掌握行业发展的最新动态和前沿技术,才能洞悉市场先机,把握发展方向。同时,创业者还需要具备一定的管理知识和领导能力,要能够科学地制定企业发展战略,合理配置各种资源,有效激励和带领团队成员,进而推动企业持续健康发展。

从价值观念角度来看,积极进取、诚实守信的职业操守和社会责任感是优秀的创业者必备的品格。创业不仅是对个人事业的追求,更承载着推动社会进步、创造社会价值的使命。因此,创业者必须树立正确的价值取向,坚守职业道德和社会公德,以高度的社会责任感投身创业实践。只有坚持诚信经营,践行企业社会责任,创业者才能赢得来自社会各界的广泛认可和信赖,为企业的可持续发展奠定坚实的社会基础。

三、创业者及其团队

(一)创业者的角色与职责

创业者作为创业活动的发起者和领导者,在创业过程中扮演着至关重要的角色。他们需要具备敏锐的洞察力,捕捉市场机遇,确立创业方向;需要具备出色的领导力,组建创业团队,凝聚人心;需要具备卓越的执行力,制订创业计划,推动项目落地;更需要具备顽强的抗压力,面对困难和挫折,坚韧不拔,勇往直前。可以说,创业者的素质和能力直接决定了创业项目的成败。

从知识层面来看,成功的创业者需要具备扎实的专业知识和广博的知识面。一方面,创业者必须精通创业项目所处的行业领域,深入了解行业发展趋势、市场竞争格局、消费者需求等,这是创业项目立足的基础。另一方面,创业者还需要跨界学习,吸收管理学、经济学、社会学等多学科知识,拓宽思路,启发灵感。知识的广度和深度,决定了创业者的战略视野和决策水平。

从能力层面来看,优秀的创业者需要具备一系列的关键能力。首先是创新能力,能够突破常规思维,开拓新的领域和模式;其次是领导能力,能够集中资源,调动积极性，带领团队攻坚克难；再次是沟通能力，能够有效传递信息，化解矛盾冲突，达成共识；最后是学习能力，能够快速吸收新知识，不断完善自我，适应环境变化。这些能力的形成和提升，需要在创业实践中不断锤炼。

从素质层面来看，卓越的创业者需要具备独特的人格魅力和价值追求。他们胸怀理想，敢于担当，以实现自我价值、创造社会财富为己任；他们诚信守诺，言出必行，以良好的信誉赢得他人的信任和支持；他们乐观进取，百折不挠，以积极的心态面对人生的种种考验。这些优秀品质是创业者的内在动力，也是创业者凝聚人心、赢得尊重的法宝。

（二）创业团队的组建与管理

创业团队的组建和管理是创业成功的关键因素之一，一个优秀的创业团队需要成员之间优势互补、协同配合，并能够在共同的愿景和价值观下高效运转。在组建创业团队时，创业者需要根据创业项目的特点和需求，有针对性地选择合适的人才。这不仅包括专业技能和知识背景等硬实力，还包括个人品质、工作态度等软实力。一个理想的创业团队应该具备多元化的人才结构，既要有掌握核心技术的专业人员，也要有擅长市场营销、财务管理的业务骨干，还需要具备管理经验和领导力的决策者。这种互补性的人才组合能够促进团队成员之间的优势互补和资源共享，提升团队的综合实力和应变能力。

组建好创业团队后，创业者需要注重团队管理，营造良好的团队氛围和企业文化。这需要创业者发挥领导能力，以身作则，树立远大目标，凝聚团队共识。同时，创业者要善于授权，充分信任和激励团队成员，调动他们的积极性和创造力。建立公平合理的利益分配机制、畅通有效的沟通渠道、营造包容开放的讨论氛围，这些都是增强团队凝聚力、提升工作效率的有效途径。创业过程中难免会面临各种困难和挫折，这时团队领导者更需要坚定信心，迎难而上，带领团队共渡难关，这不仅考验其领导力，更是测试团队凝聚力的试金石。

创业团队管理还需要与时俱进，根据企业发展阶段和市场环境变化来及时调整管理策略。在初创阶段，创业团队规模较小，企业往往会采取扁平化管理，注重灵活性和执行力。而随着企业不断发展壮大，创业团队也需要引入专业化、规范化的管理方式，建立清晰的部门分工和岗位职责，完善规章制度和绩效考核体系。这种动态化的管理模式能够适应企业不同发展阶段的需求，推动创业团队持续进化、保持活力。对于高新技术企业，创业团队管理还需要关注技术研发和产品创新。鼓励研发人员开展前瞻性研究，追踪行业前沿动态，建立有效的创新激励机制，这些都是保持技术领先优势的必要举措。

（三）创业团队的协作与沟通

1.良好的沟通

创业团队需要建立畅通的沟通渠道，确保信息在团队内部充分流动，避免因信息不对称而导致的误解和冲突。定期召开团队会议，鼓励成员畅所欲言，彼此分享想法和问题，能够增进团队内部的了解和信任。同时，领导者也要善于倾听，尊重每一位成员的意见，营造民主、开放的沟通氛围。

2.明确的目标和规划

创业团队要在充分讨论的基础上，对创业项目的愿景、使命达成共识，并制定切实可行的短期目标和长期规划。这些目标和规划为团队的行动提供了方向和动力，使每一位成员都能够明确自己的职责和任务，朝着共同的目标协同努力。在执行过程中，团队还应定期回顾和评估进展，及时调整策略，确保目标的达成。

3.角色分工和责任落实

创业团队需要根据成员的专长和特点，合理分配任务和角色，做到人尽其才。同时，要建立明确的责任机制，确保每一项任务都有明确的负责人和截止时间。这种责任分工不仅提高了工作效率，也增强了团队成员的主人翁意识和责任感。当团队取得阶段性成果时，要及时对团队给予肯定和鼓励；当遇到困难和挫折时，团队成员之间要相互支持、共渡难关。

4.注重成员能力的培养和提高

在创业过程中，团队成员不仅需要完成自己的本职工作，还要不断学习新知识、掌握新技能，以适应瞬息万变的市场环境。团队可以通过内部培训、外部学习等方式，为成员提供学习和成长的机会。同时，鼓励成员之间的经验分享和互帮互助，发挥团队的集体智慧，促进整体能力的提高。

5.重视团队文化的塑造

优秀的团队文化能够增强成员的凝聚力和向心力，激发其创造力和斗志。诚信、尊重、包容、创新等价值观应成为团队文化的核心，并要通过日常的工作实践加以弘扬。定期开展团建活动，如户外拓展、志愿服务等，能够增强团队的协作意识和集体荣誉感。领导者更应以身作则，用自己的言行诠释和传递团队的价值观，为团队树立一个榜样和标杆。

（四）创业团队的激励机制

创业团队的激励机制对于团队保持创业热情、提升创业绩效具有关键作用。在创业的过程中，创业者常常面临着资金短缺、市场不确定、技术瓶颈等诸多挑战和风险，这些都可能会导致团队士气低落，创业动力不足。因此，构建科学有效的激励机制，调动团队成员的积极性和创造性，已经成为创业管理中不可或缺的重要内容。

1. 物质激励

从物质激励的角度来看，合理的薪酬体系是创业团队激励机制的基础。在创业初期，企业往往难以提供具有市场竞争力的薪酬待遇，这就需要创业者能够在有限的资源中设计出灵活多样的薪酬方案。除了基本工资，创业公司还可以通过项目奖金、绩效提成、股权期权等方式，将员工的收益与公司的长远发展紧密结合起来。当员工意识到自己的付出与公司的成长同步时，就会更加主动地投入创业中。

2. 精神激励

从精神激励的角度来看，创业团队需要营造积极向上的企业文化氛围。在创业过程中，公司高管的言行举止、办公环境的设计布置都会潜移默化地影响员工的情绪和斗志。领导者要用自己的热情来感染团队成员，要善于发现员工的闪光点并给予员工及时肯定，要为员工提供展示才华的舞台。一种充满活力、重视创新、鼓励冒险的企业文化，能够极大地激发员工的归属感和使命感，使其全身心地投入创业事业中。

3. 发展激励

从发展激励的角度来看，创业公司要为员工提供持续成长的机会。初创企业大多规模较小、人员精干，这恰恰有利于员工的快速成长。创业者应根据员工的特长和意愿，为其设计个性化的职业发展路径，并为其提供相应的培训和指导。同时，创业公司的扁平化结构也有助于员工参与重大决策、承担关键任务，从而在实践中得到锻炼和提升。当员工感受到自身的成长与公司的发展同频共振时，就会更加忠诚和敬业。

4. 情感激励

从情感激励的角度来看，创业团队成员之间要建立紧密的信任和友谊。创业之路充满着艰辛和挑战，团队成员唯有心往一处想、劲往一处使，才能攻坚克难、渡过难关。领导者要以身作则，用真诚、包容的态度来对待每一位员工，要在公司内部营造民主、平等、互助的氛围。员工之间也要相互信任、彼此欣赏，在工作中互帮互助、取长补短。当创业团队的凝聚力和向心力达到最大化时，就能爆发出惊人的创造力。

四、创新创业项目管理

（一）项目选题与立项

项目选题与立项是大学生创新创业教育的关键环节，对于培养学生的创新意识和实践能力具有重要意义。在选题阶段，教师要引导学生立足社会需求，关注行业前沿，发掘具有应用价值和市场潜力的创业项目。同时，教师还要鼓励学生跳出思维定式，打破学科界限，从多角度、多层面去思考问题，提出独特新颖的创意点子。在这个过程中，学生的好奇心和探索欲可以得到充分激发，创新思维可以得到锻炼和培养。

立项则是将创意付诸实践的关键一步。在立项阶段，教师要引导学生深入地调研市场，分析项目的可行性，评估项目的风险与收益。通过撰写商业计划书，学生能够全面梳理项目实施的各个环节，包括团队组建、产品设计、生产制造、营销策略等，从而建立起系统的创业思维和规划能力。同时，教师还要为学生提供必要的指导和帮助，如对接行业资源，提供技术支持，帮助学生申请创业扶持政策等。在教师的悉心指导下，学生的创业项目将逐步成形，并不断优化完善。

项目选题与立项不仅是大学生创新创业教育的起点，更是学生全面发展的助推器。在选题立项的过程中，学生的创新精神得到激发，动手实践能力得到锻炼，团队协作意识得到增强。他们学会了从社会需求出发考虑问题，培养了自身的市场敏感度和前瞻性思维；他们懂得理论与实际相结合，掌握了调研、分析、规划等基本技能；他们领悟团队的力量，学会了与他人沟通交流、合作共赢。

这些宝贵的品质和能力将伴随学生终身，并成为他们未来发展的“底气”和“资本”。

因此，高校要高度重视大学生创新创业项目的选题与立项环节，完善相关的教学设计和实践安排。一方面，要开设系统的创新创业课程，帮助学生掌握选题立项的基本方法和技巧；另一方面，要搭建多样化的实践平台，为学生提供充足的实践机会。同时，学校还要建立健全的师资队伍，配备专业的创业导师，为学生提供及时、精准的指导服务。此外，学校可以联合政府、企业、社会组织等多方力量，整合优质资源，为大学生创新创业项目的孵化和转化提供有力的支持。

（二）项目计划与执行

项目计划与执行是在创新创业教育中至关重要的一环。在创新创业项目的推进过程中，科学合理的项目计划能够为项目的顺利实施提供路线图和行动指南，而高效务实的项目执行则是将计划落到实处、实现预期目标的关键。

项目计划的制订需要全面考虑到项目的各个方面，包括目标设定、任务分解、资源配置、进度安排、风险管控等。首先，要根据创新创业项目的总体目标，将其细化为若干个具体、可衡量的阶段性目标。这些目标应该符合 SMART 原则，即具体（Specific）、可衡量（Measurable）、可实现（Attainable）、相关（Relevant）、有时限（Time－bound）。明确的目标设定有助于团队成员达成共识，并为后续工作提供方向和动力。其次，要针对项目目标，将项目任务进行分解，形成清晰的工作结构图。通过任务分解，可以将复杂的项目工作转化为一系列可管理、可执行的子任务，并明确各子任务之间的逻辑关系和先后次序。再次，要根据任务分解的结果，合理配置项目所需的人力、物力、财力等各类资源，确保各项任务都能够顺利开展。同时，还要综合考虑到任务难度、工作量等因素，制订切实可行的项目进度计划，明确各阶段的时间节点和预期成果。最后，要全面评估在项目实施过程中可能面临的风险因素，包括技术风险、市场风险、财务风险、法律风险等，并制定相应的风险应对策略，最大限度地规避或降低风险对项目的负面影响。

在项目执行阶段，要严格遵循项目计划，同时要保持一定的灵活性和适应性。一方面，项目团队要明确分工、各司其职，按照计划推进各项任务，确保项目进度与预期相符。定期召开项目例会，汇报工作进展，协调资源配置，解决遇到的问题，对执行偏差及时纠正，是项目管理的常用手段。另一方面，在项目执行过程中，内外部环境可能会发生变化，项目计划也可能需要进行相应调整。这就要求项目团队密切关注内外部环境动态，准确把握市场需求变化，灵活调整项目计划，快速适应新形势、新挑战。与此同时，要重视项目执行的过程管理与绩效评估。收集整理项目执行数据，对项目绩效进行动态评估，及时发现偏差，分析原因，并采取针对性的改进措施。通过绩效评估，既可以督促项目团队努力工作，又可以不断优化项目管理实践，提高项目执行水平。

（三）项目团队协作

项目团队协作是在创新创业项目管理中不可或缺的重要环节。在创新创业项目的实施过程中，往往需要多个学科背景、专业技能各异的成员共同参与，协同攻关。只有通过有效的团队协作，才能最大限度地发挥出每个成员的才智和潜能，实现优势互补，提高项目执行效率和成果质量。

1. 构建科学合理的团队组织架构

在组建创新创业项目团队时，应充分考虑到项目的具体需求和成员的个人特点，合理分工、明确职责。一个典型的项目团队通常包括项目负责人、技术骨干、市场营销人员、财务管理人员等不同角色。项目负责人要发挥统筹协调的作用，合理调配资源，协调各方利益，把握项目的整体进展。其他成员则要各司其职、各尽其能，在自己的岗位上发光发热。同时，团队组织架构还应具有一定的灵活性和弹性，要能够根据项目进展的需要来进行动态调整，以适应内外部环境的变化。

2. 建立畅通的沟通协调机制

团队成员来自不同的学科背景，他们的思维方式和工作习惯都存在一定差异，如果缺乏有效的沟通，很容易就会产生误解和分歧，进而影响团队的凝聚力和向心力。因此，项目团队要注重营造开放、包容的沟通氛围，鼓励成员之间的交流与对话。定期召开项目进展会议，及时了解各个环节的工作情况，协调解决存在的问题和困难。运用现代信息技术手段，搭建团队协作平台，实现信息共享和实时互动。通过流畅的沟通，团队成员能够及时对彼此的工作进行反馈和建议，形成良性互动，激发创新灵感。

3.树立"团队至上"的集体主义价值观

在创新创业项目团队中的每一个成员都应树立"一荣俱荣、一损俱损"的理念,把个人利益和团队利益紧密联系在一起。项目负责人要以身作则,带头弘扬无私奉献、互帮互助的团队精神,以自己的人格魅力来凝聚人心。要关心每一位成员的成长和进步,帮助他们排解工作和生活中的困扰,营造温馨向上的团队氛围。要完善利益分配机制,根据成员的贡献大小合理分享项目成果,让每个人都能够共享团队发展的红利。只有每个成员都怀有对团队的归属感和责任感,才能激发起协作的内生动力。

4.建立科学有效的绩效评估体系

传统的绩效评估往往过于注重个人业绩,而忽视了团队协作的重要性。因此,创新创业项目团队要根据项目特点来构建科学合理的评估指标,兼顾个人绩效和团队绩效,考核成员在团队协作中的表现。要开展多维度、全方位的评估,既关注项目的最终成果,也关注过程中的团队协作状况。评估结果要及时反馈给团队成员,帮助他们总结经验教训,查找差距和不足,持续提高团队协作的质量和水平。科学的绩效评估不仅是对团队协作成效的"考试",更是促进团队不断进步的"助推器"。

第二章　大学生创新创业教育的课程体系构建

第一节　大学生创新创业教育课程体系设计原则

一、方向性原则

（一）课程目标设定

课程目标设定是大学生创新创业教育课程体系构建的首要环节，它决定了教学内容的选择、教学方法的运用以及教学效果的评估。科学、合理的课程目标能够为创新创业教育教学实践提供明确的方向和标准，使教学活动更加具有针对性和有效性。

大学生创新创业教育课程目标的设定应该立足于创新创业人才培养的总体要求，围绕创新精神、创业意识和创新创业能力这三个核心要素进行展开。具体而言，课程目标应包括以下几个方面：

1. 培养学生的创新意识和创业精神

这是大学生创新创业教育的灵魂所在。课程应该通过创新创业案例分析、创业模拟实践等多种形式，来激发学生的好奇心和想象力，培养其敢于质疑、勇于尝试的品格，使学生树立“创新改变生活，创业成就未来”的价值观念。只有具备了强烈的创新意识和昂扬的创业精神，学生才能在未来的学习、工作和生活中保持积极进取的态度，勇于面对困难和挑战。

2. 提升学生的创新思维和创业能力

创新创业离不开敏锐的洞察力、缜密的逻辑思维和果敢的决策能力。因此，课程目标应该着眼于训练学生的创新思维方式，如发散思维、类比思维等，帮助其突破思维定式，使他们能够从多元视角分析问题。同时，课程还应该通过创业计划撰写、创业项目路演等实践环节来锻炼学生的创业技能，如市场调研、资源整合、团队管理等，使其掌握创办和经营企业的基本方法。

3. 建构学生的知识体系和能力结构

创新创业是一项复杂的系统工程，涉及管理、经济、法律、心理等多学科知识。大学生创新创业教育课程应立足于学科专业优势，整合多学科资源，构建起完整、系统的创新创业知识图谱。同时，课程目标还应该关注对学生领导力、沟通能力、抗压能力等综合素质的培养，使其具备在不确定环境中独立工作、与人合作的基本能力。唯有知识与能力并重，学生才能游刃有余地应对创新创业实践中的种种挑战。

4. 促进学生个性发展和全面成长

创新创业教育绝非“高大上”的口号，而应该融入学生成长发展的全过程。课程目标的设定要符合学生的认知特点和成长规律，既要让每个学生都有机会参与其中，使其得到锻炼和提高，又要为特别优秀的学生搭建一个施展才华的平台，让他们能够脱颖而出。通过分层分类施教，因材施教，可以促进每一位学生的个性化发展。创新创业教育的根本目的是促进学生全面而有个性地发展，使其成为德智体美全面发展的社会主义建设者和接班人。

（二）课程内容选择

课程内容选择是在大学生创新创业教育课程体系构建中的关键环节。为了达成创新创业教育的目标，培养学生的创新精神、创业意识和创新创业能力，课程内容的设置必须立足于创新创业活动的特点和规律，紧密结合学生的认知发展水平和实际需求，要体现时代性、前瞻性和实践性。

从知识维度来看，创新创业课程内容应涵盖创业学基础理论、创业过程与方法、创业资源整合、商业模式设计等多个方面。通过系统化的理论学习，学生能够掌握创新创业活动的一般规律和基本方法，奠定扎实的学科基础。同时，课程内容还应广泛吸收和借鉴经济学、管理学、社会学等相关学科的前沿理论成果，帮助学生开阔视野、更新知识结构，提升分析问题和解决问题的能力。

从能力维度来看，创新创业课程内容的选择应着眼于学生创新思维和实践能力的培养。一方面，课程应设置创意生成、问题分析、产品设计等环节，通过头脑风暴、案例分析、设计实践等多种形式，来激发学生的创新灵感，训练其敏锐的洞察力和开放性思维。另一方面，课程还应提供商业计划书撰写、创业模拟实训、创业项目孵化等实战机会，引导学生将创意付诸实践，在生动鲜活的创业体验中提高动手操作能力、团队协作能力、组织管理能力等。

从素质维度来看,创新创业课程内容应注重培养学生的人文情怀和社会责任感。创新创业不能简单地等同于商业成功,更应成为服务社会、贡献国家的重要途径。为此,课程既要向学生传授创业所需的专业知识和职业技能,更要引导其树立正确的创业价值观,强化学生的诚信意识、契约精神、法治观念等,提升其道德修养和社会责任感。通过融入人文素质教育的元素,创新创业教育能够实现知识传授、能力培养、价值引领的有机统一。

二、协同性原则

(一)课程内容的协同

1.突破学科壁垒,实现跨学科融合

创新创业活动往往需要综合运用多学科知识,单一学科的知识和技能已难以满足创新创业的需求。因此,在设计课程内容时,要主动打破学科界限,引导学生从多学科视角审视问题,培养其综合运用知识的能力。例如,可以开设跨学科的创新创业项目课程,要求学生组建跨专业团队,针对现实问题来开展研究和实践。在项目实施过程中,学生不仅要学会整合不同学科知识,还要学会与不同背景的团队成员沟通协作,这对其创新创业能力的提升大有裨益。

2.促进理论与实践的结合,强化知行合一

创新创业教育绝非是纸上谈兵,它要求学生将所学知识付诸实践,在实践中检验和完善自己的想法。因此,在课程内容设计上,要加大实践教学的比重,为学生提供充足的动手实践的机会。理论课程要与实践活动紧密结合,鼓励学生将自己的课堂所学应用到创新创业项目中。例如,在教授商业计划撰写的理论知识后,可以立即安排学生实际撰写一份商业计划书,并组织专家进行评审和指导,帮助学生查漏补缺,进而提高计划的可行性和说服力。通过理论与实践的无缝对接,学生能够更深入地理解和掌握知识,提高运用知识解决实际问题的能力。

3.注重课内外资源的整合,拓展课程空间

创新创业教育不应局限于课堂和校园,还应主动对接社会资源,为学生提供

更加多元、立体的学习机会。课程内容设计要充分利用校内外资源，将创业导师指导、创业大赛、创业实习等活动纳入课程体系，形成课内外互补、校内外联动的协同育人格局。例如，可以邀请成功创业者走进课堂，与学生分享其创业历程和经验教训；组织学生参加各类创新创业赛事，锻炼其综合能力；安排学生到创业企业实习，深入体验创业过程。通过课内外资源的充分整合，学生能够全面地提升自身的创新创业素养，为未来的创业实践奠定坚实基础。

4.加强课程之间的衔接配合，形成合力

创新创业教育是一项系统工程，需要不同课程之间的协调配合。在课程内容设计上，要重视不同阶段、不同类型课程之间的衔接，使其形成递进式、螺旋式的发展。例如，可以将创新思维培养课程作为创新创业教育的基础课程，为后续专门课程的学习做好铺垫；将创业模拟实训课程作为创业实践课程的预演，为学生的正式创业做好准备。同时，还要重视创新创业教育与专业教育的融合，在专业课程中渗透创新创业教育理念，引导学生在专业学习过程中培养创新精神和创业意识。只有不同课程之间相互配合、同向发力，才能形成创新创业教育的整体合力，提升人才培养的质量。

（二）学生与教师的协同

学生与教师在创新创业教育课程体系中的协同至关重要。这种协同不是简单的配合，而是一种基于共同目标、相互尊重、平等对话的深度互动。在这一过程中，学生和教师的角色界限趋于模糊，双方共同成为教与学的主体，携手探索创新创业的奥秘。

从学生的角度来看，他们是创新创业教育的核心参与者。传统的“满堂灌”式教学模式已不再适应创新创业教育的需求，学生必须从被动的知识接受者转变为主动的知识建构者和问题解决者。这就要求学生积极参与到课程设计、教学实施、项目实践等各个环节中，与教师展开深入对话和思想碰撞。在这一过程中，学生可以分享自己的创业想法，提出疑惑困惑，反馈实践体验，帮助教师优化完善课程内容和教学方式。同时，学生还可以发挥自身特长，为创新创业项目贡献自己的智慧和力量。这种参与式学习不仅能够提高学生的学习兴趣和主动性，更能培养其批判性思维、创新精神和实践能力。

从教师的角度来看，他们不再是高高在上的“权威”，而是在学生创新创业道路上的引路人、合作者乃至学习者。在协同过程中，教师需要走下讲台，与学生进

行平等交流，倾听他们的声音，了解他们的需求。教师要根据学生的反馈来及时调整教学计划和方法，因材施教，激发出每个学生的创新创业潜能。同时，面对创新创业教育的全新内容和挑战，教师也需要与学生一起学习、一起成长。教师可以和学生组建项目团队，共同攻关技术难题；可以向有创业经验的学生请教，汲取创业智慧和实战经验。唯其如此，教师才能跟上时代发展的步伐，提升自身的创新创业教育能力。

学生与教师协同的意义还在于能够营造良好的创新创业生态。在协同互动中，师生之间建立了平等信任的伙伴关系，形成了"教学相长"的育人共同体。这种关系超越了课堂的时空界限，延伸到创新创业的方方面面。学生在遇到创业困境时，教师给予学生悉心指导；教师开展创新研究时，学生提供助力支持。久而久之，校园内就形成了创新创业的浓厚氛围，人人都会成为创新创业生态的贡献者和受益者。

三、特色化原则

(一)课程内容的独特性

大学创新创业教育课程内容的独特性主要体现在三个方面：课程定位的特殊性、课程内容的前沿性和课程实施的灵活性。

从课程定位来看，创新创业教育课程与传统学科课程有着本质区别。传统学科课程主要侧重于系统传授某一学科领域的基本理论、基础知识和基本技能，而创新创业教育课程则致力于培养学生的创新精神、创业意识和创新创业能力。这就要求创新创业教育课程必须突破学科界限，综合运用多学科知识，聚焦创新创业实践，为学生提供全方位、多角度的创新创业教育。只有立足于这一独特定位，创新创业教育课程才能实现其培养创新创业人才的根本目标。

从课程内容来看，创新创业教育课程必须紧跟时代发展的步伐，不断更新课程内容，要体现鲜明的前沿性和先进性。在知识经济时代，科技发展日新月异，商业模式不断创新，创新创业教育课程要想保持活力和吸引力，就必须及时将最新的科技成果、商业模式、创业案例等引入课堂，为学生呈现一个个鲜活生动的创新创业场景。同时，课程内容还应涵盖创新创业所需的各种知识、能力和素质，如创新思维、商业模式、市场营销、团队管理、法律法规等，力求为学生提供全面系统的创新创业知识体系。唯有如此，创新创业教育课程才能引领学生站在时代前沿，把握创新创业的脉搏。

从课程实施来看，创新创业教育课程应体现出较大的灵活性和差异性。由于不同专业、不同年级学生的知识基础、认知水平存在差异，创新创业教育课程不宜“一刀切”，而应根据学生特点来进行针对性设计。对于低年级学生，课程可侧重对创新创业意识的启蒙和培养，对于高年级学生，课程则可侧重创新创业项目的孵化和实践。同时，鉴于创新创业实践的复杂性和不确定性，课程实施应充分发挥学生主体性，鼓励学生自主探索、亲身实践，让学生在实践中学习创新、体验创业。这就要求教师摒弃灌输式教学，采用启发式、参与式、体验式等多元教学方法，最大限度地调动学生的积极性和创造性。

（二）地域文化的融合

在大学生创新创业教育课程体系设计中，特色化原则要求突出学校办学特色，依托地域文化资源，将地域文化元素有机融入课程内容设计中。每一所高校都有其独特的地域文化背景，这种文化积淀往往蕴含着丰富的创新创业资源。合理开发利用这些资源，对于增强创新创业教育的针对性和实效性，培养学生的创新精神和创业能力具有重要意义。

地域文化是一个地区在长期发展过程中形成的独特的物质文化、制度文化和精神文化的总和，它深深植根于一方水土，浸润着当地人民的生产生活，塑造着个体的价值观念、行为方式和思维模式。将地域文化融入大学生创新创业教育，能够使课程内容更加鲜活生动，增强教育教学的吸引力和感染力。同时，在地域文化中蕴含的创新智慧和创业精神，也能够为学生的成长成才提供重要启示和借鉴。

在课程内容设计中融入地域文化元素，需要立足于学校所在区域的特色，深入发掘当地的历史文化、民俗风情、产业发展等方面的独特资源。以客家文化为例，其中“爱拼才会赢”的进取精神和“宝剑锋从磨砺出，梅花香自苦寒来”的意志品质，都是激励学生砥砺前行、敢为人先的宝贵精神财富。将这些文化基因有机融入创新创业教育的讲授案例、实践活动等环节，能够潜移默化地影响学生，培养其家国情怀和文化自信。

在充分利用地域文化资源的同时，需要灵活创新教学方法和手段。如开展田野调查、口述历史等，引导学生走进地域文化的现实场景，亲身感悟蕴含其中的创新创业智慧。又如邀请本土的成功创业者、非遗传承人等走进课堂，分享其创业历程和文化体验，帮助学生拓宽视野、更新观念。这些方法既能突出地域特色，又能增强教学的互动性和参与性,提升学生的学习兴趣和主观能动性。

将地域文化融入大学生创新创业教育课程体系,还有助于厚植学生的家国情怀,增强其文化认同感和社会责任感。引导学生立足当下、情系桑梓,将个人追求与家乡发展、国家振兴紧密结合,在创新创业实践中传承和弘扬中华优秀传统文化。这不仅是大学生成长成才的题中应有之义,更是新时代赋予创新创业教育的崇高使命。

(三)学科优势的体现

一所大学要实现特色化发展,就必须立足于自身优势学科,发挥学科引领作用。学科优势的形成离不开历史积淀、人才汇聚和资源倾斜,它代表着高校在特定领域的核心竞争力。将学科优势充分体现在创新创业教育中,能够赋予课程体系鲜明的特色,增强人才培养的针对性和实效性。

1.课程内容的设置

依托优势学科,高校可以开发出富有特色、符合创新创业要求的课程模块。这些课程不仅包括本学科的前沿知识和最新研究成果,还涵盖了与创新创业密切相关的方法论和实践技能。学科积淀为课程内容提供了深厚的学术底蕴,而紧密结合创新创业实践的内容设计又确保了知识的应用性和实用性。学生在学习过程中,既能接受系统的理论训练,又能领略学科魅力,激发创新灵感。

2.充实创新创业教育的师资力量

一流的学科离不开一流的师资团队。长期耕耘在本领域的教师不仅学识渊博、经验丰富,而且往往在科研创新方面颇有建树。这些教师深谙学科前沿动态,又富有创新创业的实践经验,能够成为创新创业教育的中坚力量。他们以渊博的学识、前瞻的眼光指引学生探索未知,以切身的创业体验、真挚的创新热情去感染学生奋发进取。优秀教师的言传身教会将创新创业教育的成效提升到新的高度。

3.创设富有特色的实践平台

众所周知,创新创业教育绝非纸上谈兵,它需要在生动的实践中落地生根。依托优势学科,高校可以整合校内外资源,搭建各具特色的实践育人平台。这些平台涵盖了学科竞赛、创新项目、创业孵化、产学研合作等多种类型,为学生提供了将所学知识付诸实践的广阔空间。学生在参加项目研究、开展创业实践的过程中，创新能力和创业素养得到了全方位锻炼，为自己的未来发展奠定了坚实基础。

四、参与性原则

（一）多方协同参与

大学生创新创业教育的多方协同参与是实现课程体系系统化、科学化、实效化的重要保障。它要求学校、政府、企业、社会等各方主体建立起紧密的合作关系，形成育人合力，共同推进创新创业教育的深入开展。

从学校层面来看，多方协同参与意味着校内各部门、各学科之间应加强沟通与配合，共同整合教学、科研、实践等资源，为学生提供全方位的创新创业教育与服务。一方面，学校应建立健全创新创业教育的组织管理机制，成立专门的工作机构，统筹规划、指导实施创新创业教育工作。另一方面，学校还应鼓励各学院、各专业结合自身特色，开发出具有学科优势和专业特色的创新创业课程，将创新创业教育融入人才培养全过程中。与此同时，学校还应加强创新创业教育与专业教育、理论教学与实践教学的有机结合，为学生搭建一个理论与实践相统一的学习平台。

从政府层面来看，多方协同参与要求政府部门加大对高校创新创业教育的政策支持和资金投入力度。一方面，政府应制定系列引导性政策，营造有利于创新创业教育发展的良好环境，激励高校积极开展创新创业教育实践探索。另一方面，政府还应设立专项资金，支持高校完善创新创业教育的软硬件条件，建设校内创业孵化基地、创新实践中心等，为学生提供一个优质的创新创业实践平台。此外，政府还可以通过购买服务、项目合作等方式，来引导社会资源参与到高校创新创业教育之中，从而拓宽教育渠道和途径。

从企业层面来看，多方协同参与意味着高校应主动加强与企业的交流合作，借助企业的技术、资金、项目等资源来增强创新创业教育的实践性和针对性。一方面，高校可以邀请企业专家、创业成功人士走进校园，开展创业讲座、经验分享会等，帮助学生了解创业形势，掌握创业技能。另一方面，高校还可以与企业合作共建创新创业实践基地，为学生提供实习实训、项目孵化等机会，使其能够在真实的企业环境中锻炼能力，积累经验。同时，企业还可以通过设立奖学金、提供资金支持等方式，鼓励和资助大学生开展创新创业实践活动。

从社会层面来看，多方协同参与凸显了整个社会对创新创业教育的关注和重视。随着创新驱动发展战略的深入实施，创新创业已经上升为国家战略，成为推动经济社会发展的重要引擎。在此背景下，社会各界应形成合力，营造鼓励创新、包容失败的社会氛围，为大学生创新创业提供良好的舆论环境和文化土壤。同时，社会各类组织和个人还可以通过提供志愿服务、捐资助学等方式，支持高校开展创新创业教育实践活动，为学生的成长成才贡献智慧和力量。

(二)实践活动融入

实践活动的融入是在大学生创新创业教育课程体系设计中不可或缺的重要环节。在课堂教学中引入真实的创新创业项目，让学生以小组合作的形式参与其中，能够有效地激发他们的主动性和积极性，提高其动手实践能力和团队协作意识。这种基于项目驱动的教学模式不仅能够加深学生对理论知识的理解和提高他们的运用能力，更能培养其发现问题、分析问题和解决问题的综合能力，为学生未来的创业实践奠定良好基础。

除课堂实践外，鼓励学生积极参与各类创新创业大赛和实践活动也是提高其创新创业能力的有效途径。通过参加校内外的创业计划竞赛、创新训练项目等，学生能够接触到更多优秀的创业项目和创意，开阔视野，启发思路。同时，在准备项目、撰写商业计划书、路演答辩的过程中，学生的市场敏锐度、商业模式构建能力、语言表达能力等都能得到全面锻炼。这些宝贵的实践经历无疑能极大地提升学生的创新创业素养。

建立健全的创新创业实践平台是保证实践活动持续、高效开展的重要基础，高校应积极整合内外部资源，搭建一个线上线下相结合的创新创业实践平台，为学生提供全方位的服务和支持。例如，建立创业孵化基地，为学生创业项目提供场地、设备等硬件支持；组建导师团队，为学生提供专业指导和咨询服务；开设创业沙龙、大师讲堂等，营造良好的创新创业文化氛围。这些举措能够为学生的实践活动创造便利条件，激发其创新创业热情。

加强校企合作，深化产教融合也是推进创新创业实践活动的重要路径。高校可以与企业建立战略合作关系，共同开发创新创业教育课程，设计实践项目。学生可以通过在企业实习、见习等方式，深入了解企业运作流程，向企业学习先进的管理理念和方法。企业也可以为优秀的创业项目提供资金、技术等支持，帮助其快速成长。这种校企合作模式能够实现优势互补、资源共享，为学生的成长成才提供广阔的舞台。

(三)反馈与改进机制

在大学生创新创业教育的课程体系构建中,反馈与改进机制发挥着关键作用。它是保证课程体系科学性、适用性和实效性的重要保障,也是推动创新创业教育不断优化、完善的动力。如果没有健全的反馈与改进机制,创新创业教育课程体系就可能会失去生机和活力,难以适应时代发展和社会需求的变化。

1.建立起多元主体参与、多维度评估的闭环系统

在这一系统中,学生、教师、企业、社会等利益相关方都应成为反馈的主体,从不同视角对课程体系的设计与实施提出意见和建议。同时,反馈的内容也应该是多维度的,既要包括对教学目标、课程设置、教学方法等方面的评估,也应涵盖对学生学习效果、创新创业能力提升等方面的考查。只有全方位、多角度地收集反馈信息,才能为课程体系的改进提供翔实的依据。

2.建立科学合理的反馈渠道

一方面,学校应搭建线上线下相结合的反馈平台,如开展问卷调查、座谈访谈、实地考察等,为利益相关方表达意见提供便利。另一方面,学校还应建立起规范的反馈信息收集、整理、分析流程,确保反馈意见能够及时、准确地传递到相关部门和个人。对于收集到的意见建议,学校应给予高度重视,认真研判其合理性和可行性,并将其作为课程体系改进的重要依据。

3.改进措施的制定与落实

针对反馈中提出的问题和不足,创新创业教育管理部门应该及时组织专家研讨,深入剖析原因,并提出切实可行的解决方案。在制定改进措施时,要注重问题的针对性和系统性,既要立足当前,解决急迫问题,也要放眼长远,推动课程体系的优化与升级。改进措施的落实情况同样需要纳入反馈与评估的范畴中,通过跟踪监测、定期总结等方式,来确保各项举措落到实处,取得实效。

4.制度化、常态化的保障

学校应将其纳入创新创业教育课程体系建设的整体规划,明确反馈主体、反馈渠道、改进流程等关键要素,形成科学规范的工作机制。定期开展满意度调查、阶段性评估等,既是听取意见、查找不足的重要途径,也是评判改进成效、优化完

善措施的有力抓手。通过将反馈与改进贯穿于创新创业教育课程体系建设的全过程中,来不断提升其质量和水平,从而为培养创新创业人才提供有力支撑。

第二节　大学生创新创业教育核心课程设置

一、创新思维与方法课程

(一)创新思维培养

创新思维作为一种超越常规、打破思维定式的思维方式,在当今的社会发展和科技进步中发挥着日益重要的作用。培养大学生的创新思维能力,不仅关乎其个人的全面发展,更关系到国家创新驱动发展战略的实施和创新型国家的建设。因此,在大学生创新创业教育中,创新思维培养理应成为核心内容和重点任务。

1.激发大学生的好奇心和探究欲

好奇心是创新的源泉,探究欲是创新的动力。大学生天生具有旺盛的好奇心和探究欲,教育者要善于捕捉并利用这一特点,通过为大学生设置新奇有趣的问题情境,创设富有挑战性的学习任务,引导学生主动探索未知领域,积极提出新问题、新见解。同时,要鼓励学生敢于质疑权威,勇于挑战传统,以此来培养其批判性思维和独立思考的能力。只有敢于突破思维定式、挑战现有认知,创新的种子才有可能萌发。

2.拓宽大学生的知识视野

创新往往源于不同知识领域的交叉融合,单一的知识结构难以支撑真正的原始创新。因此,在大学教育中,要为学生提供广博的知识积累机会,鼓励其跨学科、跨领域学习,要求学生了解不同学科的前沿动态和发展趋势。通过丰富的第二课堂活动、学术讲座、创新实践等,拓宽学生的知识视野,为其创新思维的生成提供丰厚的养分。同时,要引导学生将所学知识与社会实践相结合,让学生在实践中发现问题、分析问题、解决问题,在知识的转化运用中实现创新思维的提升。

3.营造宽松民主的创新氛围

创新思维的生成需要自由开放的土壤,需要鼓励创新、包容失败的环境。教育者要尊重学生的个体差异，给予其充分的思想自由和行动自主，营造平等、宽松的师生关系和同学关系。要树立“成功不必在我”的教育理念，鼓励学生大胆尝试、勇于探索，包容学生在创新过程中遇到的困难和挫折，为其创新提供坚实的支持和保障。同时，要构建科学合理的创新激励机制，对学生的创新成果给予及时的肯定和表彰，以激发其创新热情，增强其创新信心。

4.注重创新方法的训练和创新实践的开展

创新方法是创新思维的重要工具，创新实践是创新思维的重要载体。要有针对性地开设创新思维训练课程，系统讲授头脑风暴、六顶思考帽、TRIZ 等经典创新方法，通过案例分析、情景模拟等方式来训练学生的创新思维技能。同时，要搭建丰富多样的创新实践平台，如创新创业训练计划、学科竞赛、创业孵化等，为学生提供将创新思维付诸实践的机会。在创新实践中，学生能够深化对创新规律的认识，提升自己运用创新方法解决实际问题的能力。

（二）创新方法应用

创新方法是推动社会进步和科技发展的重要动力，在大学生创新创业教育的过程中发挥着关键作用。创新方法的应用不仅能够帮助学生突破思维定式，激发学生的创造性思维，更能够为其未来的创业实践提供有力的方法论支撑。因此，在创新创业教育课程体系中，系统讲授和训练创新方法，对于培养大学生的创新精神和创业能力具有重要意义。

创新方法的内涵丰富，外延广泛，涵盖了众多领域和学科。然而，对于大学生创新创业教育而言，最为重要的是要重点讲授那些在创业实践中行之有效、可操作性强的方法。常见的创新方法包括头脑风暴法、六顶思考帽法、TRIZ 理论、SIT 系统性创新方法等。这些方法从不同角度激发创意，为解决问题提供了系统化的思路和路径。

以头脑风暴法为例，这是一种通过集体讨论来激发创意的方法。在头脑风暴的过程中，学生可以自由表达想法，相互启发，产生连锁反应，从而激发出更多的创意火花。教师应鼓励学生打破常规思维，提出看似“离经叛道”的点子，营造宽松、互信的创意氛围。同时，教师还要引导学生对想法进行分析、评估和筛选，挑选出最具创新性和可行性的方案。

六顶思考帽法则从六个不同的思考视角来审视问题，包括事实、感觉、批判、积极、创意和掌控。这种方法有助于学生全面、客观地分析问题，避免思维盲区，找到最佳解决方案。在教学的过程中，教师可以设计模拟场景，让学生分组扮演不同色彩的思考帽角色，运用互动讨论、角色扮演等方式，使学生学会换位思考，培养学生的批判性和创造性思维。

TRIZ 理论源自俄罗斯，是一种强大的系统化创新方法。该理论包含了 40 条发明原理和 76 个标准解，为技术创新问题的解决提供了可供遵循的模式。教师应重点讲解 TRIZ 理论的基本原理和工具，如矛盾矩阵、九屏图等，并通过大量的案例分析，让学生掌握这一方法的精髓。同时，教师还可以鼓励学生将 TRIZ 理论应用到专业学习和创新实践中，进而指导其进行专利发明和技术攻关。

SIT 系统性创新方法强调利用现有资源，在产品、服务中进行微小改变，从而实现创新的突破。这种方法包括替代、组合、适应、修改、推广等五种思维工具，易学易用，特别适用于商业模式创新之中。教师应结合创业案例，讲解 SIT 方法的基本原理和应用技巧，引导学生举一反三，将 SIT 方法灵活运用到创业实践中。

二、创业管理与运营课程

(一)制订创业计划

创业计划是创业者实现创业梦想的重要蓝图和行动指南，是创业者根据自身理念、市场需求、资源条件等，对创业项目的市场前景、运营模式、管理策略等进行全面分析和周密部署的成果。一份优秀的创业计划不仅能够为创业实践提供清晰的方向和路径，更能够提高创业项目获得投资的成功率。因此，在大学生创新创业教育中，创业计划制订课程应占据重要的位置。

制订创业计划是一个系统性、创造性很强的过程，需要创业者综合运用管理学、经济学、市场营销等多学科知识，深入分析创业项目所处的宏观环境和行业状况，准确把握市场机遇与挑战。在此基础上，创业者还需要根据自身的资源禀赋、核心优势，制定切实可行的发展战略和实施方案。这就要求创业计划制订课程在教学内容设置上，既要注重对理论知识的传授，又要突出对实践技能的训练。

理论知识方面，创业计划制定课程应系统讲授战略管理、市场调研、财务分析、风险管理等方面的基本原理和方法，帮助学生掌握制订创业计划的基本思路和框架。同时，教师还应结合经典创业案例，来剖析优秀创业计划的特点，总结其经验教训，使学生能够举一反三，学以致用。

实践技能方面，创业计划制订课程应开展形式多样的教学活动，为学生提供参与创业实践、撰写创业计划的机会。例如，教师可以组织创业计划大赛，鼓励学生自主组队、选题，撰写完整的创业计划书，并邀请创业导师、风险投资人等担任评委，让评委对参赛作品进行点评指导。又如，教师可以联系创业孵化基地、创业企业，为学生提供创业实习岗位，让其在实践中强化创业技能，积累创业经验。

（二）运营管理策略

运营管理策略是创新创业教育中的关键内容之一，对于培养学生的创业实践能力具有重要意义。在创业过程中，运营管理涉及企业生产、销售、财务等各个方面，是保证创业项目健康、持续发展的基础。因此，在大学生创新创业教育中，必须高度重视运营管理策略课程的设置，帮助学生掌握系统的运营管理知识和技能，提升其创业综合素质。

运营管理策略课程应从宏观和微观两个层面展开。在宏观层面，课程需要为学生构建起完整的运营管理知识体系，涵盖运营战略制定、业务流程优化、资源配置决策、绩效考核管理等方方面面。通过系统地来学习这些内容，学生能够深入理解企业运营的内在规律，掌握制定和执行运营决策的基本方法，为未来开展创业实践奠定坚实的理论基础。

而在微观层面，运营管理策略课程应聚焦于创业实践中的具体运营管理问题，如采购管理、库存管理、生产计划与控制、质量管理、销售与客户关系管理等。针对这些问题，教师不仅要向学生讲授基本概念和原理，更要通过案例分析、情景模拟等多种教学方式，引导学生将理论知识应用于实践，提高其分析和解决实际运营管理问题的能力。

（三）团队建设与管理

团队建设与管理是在创新创业教育中至关重要的一环。创新创业离不开团队的力量，而高效的团队又离不开科学的建设与管理。只有通过系统化的学习和实践，学生才能真正地掌握团队建设与管理的要义，提升自己的团队协作能力，为未来的创新创业之路奠定坚实基础。

从理论层面来看，团队建设与管理课程应着重讲授团队发展的基本规律、有效沟通的策略方法、领导力的培养途径等内容。通过系统学习管理学、组织行为学等学科的相关理论，学生能够深入地理解团队形成与发展的动力机制，掌握激励团队成员的行之有效的方法，构建起完整的理论知识体系。同时，课程还应重点阐述团队建设与管理中的关键问题，如角色定位、冲突化解、目标管理等，帮助学生厘清思路，提升学生分析问题和解决问题的能力。

从实践层面来看，团队建设与管理课程应创设丰富多样的实践活动，引导学生将理论知识运用到实际情境中。例如，教师可以设计模拟创业项目，要求学生组建团队并开展运作，让学生在合作完成任务的过程中体验团队建设与管理的方方面面。又如，教师可以邀请创业成功者走进课堂，与学生分享真实的创业历程和团队管理经验，以生动鲜活的案例启发学生的思考和实践。这些实践环节不仅能够帮助学生巩固理论知识，提升动手操作能力，更能培养其团队意识、沟通协调能力等创新创业所需的关键素质。

三、市场分析与营销课程

(一)市场调研方法

市场调研作为企业制定营销策略的重要基础，在大学生创新创业教育中发挥着关键作用。通过科学、系统的市场调研，学生能够深入地了解目标市场的需求特点、竞争态势和发展趋势，为创业项目的可行性论证和营销方案的制定提供数据支撑和决策参考。这不仅有助于提升学生的市场洞察力和分析能力，更能够帮助其树立以市场为导向、以客户为中心的创业理念，奠定学生创业成功的基础。

在大学生创新创业教育的市场调研课程中，教师应重点培养学生收集、分析市场信息的能力。首先，教师要引导学生明确市场调研的目标和内容，根据创业项目的特点确定调研对象和范围。其次，教师要传授学生各种市场调研的方法和技巧，如问卷调查、焦点小组访谈、观察法等，使其能够掌握获取一手数据的途径。再次，教师要指导学生运用统计学、心理学等知识，对收集到的市场数据进行分类、整理和分析，挖掘其中隐藏的规律和洞见。最后，教师要引导学生基于市场调研结果来评估创业项目的可行性，从而修正完善原有的创业计划。

在市场调研课程的教学实践中，案例教学和实践教学是两种行之有效的方法。通过分析经典创业案例中的市场调研环节，学生能够领悟成功创业者敏锐捕捉市场机会、深入把握用户需求的思路和方法。而通过亲自参与创业项目的市场调研实践，学生则能将理论知识与实际操作相结合，在与潜在用户的互动交流中，培养自己的人际沟通、团队协作、问题解决等综合能力。

(二)营销策略制定

营销策略是企业实现经营目标、获得竞争优势的关键。在市场竞争日益激烈的当下,制定科学、有效的营销策略显得尤为重要。对于大学生创新创业教育而言,教授学生如何制定营销策略,不仅能够帮助其更好地理解市场规律,提升学生的商业思维,还能为学生未来的创业之路奠定坚实基础。

1. 市场细分是制定营销策略的基础

企业要想在竞争中胜出,必须首先明确自己的目标市场。通过市场细分,企业可以根据消费者的地理位置、人口统计特征、心理特征、行为特征等因素,将庞大、复杂的消费群体划分为若干个相对同质的小群体。这样,企业就可以针对不同细分市场的特点来制定差异化的营销策略,从而更好地满足消费者的个性化需求。在教学中,教师应引导学生学会运用各种市场细分方法,如地理细分、人口统计细分、心理细分、行为细分等,并通过案例分析、实践操作等方式,加深学生对市场细分的理解和掌握。

2. 目标市场选择是制定营销策略的关键

在细分市场的基础上,企业需要评估各细分市场的吸引力,权衡自身资源和能力,选择最具有竞争优势和发展潜力的目标市场。通常,企业可以采取集中性战略、差异性战略或无差异战略等不同的目标市场策略。集中性战略适用于资源有限的中小企业,它通过集中优势资源服务于某一细分市场,以期获得竞争优势;差异性战略适用于实力较强的大企业,它通过为不同细分市场提供差异化的产品和服务,满足多样化的市场需求;无差异战略则适用于市场同质化程度较高、难以细分的情况,企业通过规模经济来实现成本领先。在教学中,教师应引导学生掌握各种目标市场选择策略,学会根据企业自身条件和外部环境因素,选择恰当的目标市场策略。

3. 市场定位是营销策略制定的灵魂

市场定位是指企业根据目标市场的特点和竞争状况,确定产品或服务在消费者心目中的位置。一个好的市场定位应该具备相关性、差异性和可信性三个特点。相关性是指定位要与目标消费者的需求相关;差异性是指定位要有别于竞争对手,具有独特性;可信性是指定位要真实可信,能够为消费者所接受。在制定市场定位策略时，企业可以从产品属性、产品效益、使用场合、消费者特征等多个角度入手，力求建立起鲜明、突出的品牌形象。在教学中，教师应重点讲解市场定位的内涵和原则，引导学生掌握各种定位方法，如属性定位、效益定位、使用者定位、竞争对手定位等，提高学生的定位策略制定能力。

4. 营销组合策略是营销策略的具体化和落实

营销组合是指企业为实现营销目标而对产品、价格、渠道、促销等要素进行的组合与搭配。产品策略要决定产品的品种、质量、设计、包装、服务等；价格策略要考虑定价目标、定价方法、价格调整等；渠道策略要选择合适的分销渠道、掌控渠道冲突；促销策略要综合运用广告、人员推销、营业推广、公共关系等手段，刺激消费者的购买欲望。在制定营销组合策略时，企业要坚持以消费者需求为导向，统筹兼顾各要素，使其相互配合、形成合力，共同服务于总体营销目标的实现。在教学的过程中，教师要系统地向学生讲解 4P、4C、4R 等各类营销理论，引导学生学会运用理论分析现实问题，使学生掌握营销策略制定的基本方法和技巧。

(三)消费者行为分析

消费者行为分析是在市场营销课程体系中不可或缺的重要组成部分，它旨在通过研究消费者的心理活动和行为表现来揭示其内在的决策机制和影响因素，为企业制定精准、有效的营销策略提供依据。在当前的市场环境下，消费者需求日益多元化、个性化，购买决策也越来越复杂，仅凭直觉和经验已难以准确把握消费者的真实诉求。因此，系统地学习消费者行为分析理论，掌握相关研究方法，对于培养学生的市场洞察力和决策能力具有重要意义。

从理论体系来看，消费者行为分析涵盖了心理学、社会学、经济学等多个学科的相关理论。其中，消费者心理学理论是分析的基础，它从感知、学习、记忆、态度、个性等角度来解释消费者的心理活动；而消费者社会学理论则关注文化、亚文化、社会阶层、参照群体等外部因素对消费行为的影响；消费者经济学理论则强调收入水平、价格等经济因素的作用。学生只有系统地掌握这些理论知识，才能建立起完整的消费者行为分析框架，全面地理解消费者行为的内在机理。

从研究方法来看，消费者行为分析采用定性和定量相结合的方式。定性研究注重探索消费者深层次的心理需求和决策过程，常用的方法包括焦点小组访谈、深度访谈、投射技术等；定量研究则侧重于收集大样本数据，通过问卷调查、数据挖掘等方法分析消费者行为的一般规律和数量特征。学生应熟练掌握这两类研究方法，要能够根据不同的营销决策场景灵活选择，才能获得全面、可靠的消费者行为洞察。

四、财务管理与风险控制课程

（一）财务报表分析

财务报表分析是创新创业管理与运营课程体系中不可或缺的重要组成部分，它旨在培养学生理解和分析财务数据的能力，帮助其洞察企业的财务状况和经营绩效，为科学决策奠定基础。通过系统地学习财务报表分析的理论知识和实践技能，学生能够全面把握企业的财务状况，准确评估其经营风险和发展前景，为自己未来的创业实践做好充分准备。

在教学内容设置上，财务报表分析课程应涵盖资产负债表、利润表、现金流量表等主要财务报表的核心要素和编制原理。学生需要深入地理解各个财务指标的内涵和计算方法，掌握趋势分析、比率分析、因素分析等常用的财务分析技术。同时，课程还应引导学生将财务数据与企业的战略目标、行业环境、商业模式等因素相结合，培养其全局思维和战略眼光。通过案例教学、小组讨论等多样化的教学方式，学生能够深化对理论知识的理解，提升自身分析问题和解决问题的实践能力。

此外，财务报表分析课程应注重培养学生的职业素养和创新意识。在教学过程中，教师应引导学生树立诚信、审慎、客观的职业操守，培养其独立思考、勇于质疑的批判性思维。通过鼓励学生探索新的分析视角和方法，激发其创新潜能，使其能够在日益复杂多变的商业环境中保持敏锐的洞察力和应变能力。

（二）预算与资金管理

预算与资金管理是创新创业教育中不可或缺的重要内容，对于培养学生的财务意识和管理能力具有重要意义。在创新创业实践中，学生往往需要面对复杂多变的资金流和财务状况，能否合理编制预算、有效控制成本、提高资金使用效率，已经成为决定创业成败的关键因素之一。因此，在大学生创新创业教育中设置预算与资金管理课程，有助于学生掌握必要的财务管理知识和技能，增强其创业风险防范意识，为未来的创业之路奠定坚实基础。

1.预算编制

在教学过程中，教师应引导学生根据创业项目的具体情况，全面地分析收入来源和支出构成，准确估算各项成本费用，并在此基础上编制出切实可行的预算方案。同时，教师还应强调预算的弹性和动态调整，鼓励学生根据市场变化和项目进展及时修正预算，保证其与实际情况相契合。通过预算编制训练，学生能够形成全局观念和成本意识，学会综合平衡资金的收支盈亏，为创业项目的顺利实施提供可靠的财务保障。

2.资金筹措与使用管理

创业初期，资金短缺往往是项目发展的瓶颈。如何拓宽融资渠道，优化资本结构，实现资金的高效配置和使用，考验着创业者的智慧和能力。在教学的过程中，教师应向学生介绍常见的创业融资方式，如自有资金、亲友借款、风险投资、银行贷款等，并为学生分析其中的利弊得失。同时，教师还要引导学生树立资金使用的优先级意识，根据轻重缓急来合理安排资金，把有限的资源用在刀刃上。此外，建立严格的资金管理制度，加强资金使用的监督和审核，提高资金利用率，也是在教学过程中需要重点强调的内容。

(三)风险评估与控制

在创业过程中，风险无处不在，无时不有。能否准确识别潜在风险，科学评估风险影响，并采取有效措施控制风险，直接关系到创业项目能否成功。因此，创新创业教育必须重视风险评估与控制课程的开设，帮助学生掌握系统的风险管理知识和实践技能。

从知识层面来看，风险评估与控制课程旨在让学生深入理解风险的内涵、特征和类型。通过学习风险管理的基本原理和方法，学生能够建立起完整的风险管理知识体系，为未来的创业实践奠定坚实的理论基础。课程内容涵盖风险识别、风险分析、风险评估、风险应对等各个环节，系统阐述风险管理的全过程。同时，课程还应介绍创业领域的典型风险案例，剖析其成因、影响和应对措施，帮助学生将理论知识与实际情境相结合，加深学生对风险管理的认知和理解。

从能力层面来看，风险评估与控制课程注重培养学生的风险意识和管理能力。创业过程充满着不确定性，风险时刻潜伏其中。课程应通过情景模拟、案例分析等实践活动，让学生亲身体验风险评估与控制的过程，提高其风险洞察力和决策力。学生需要学会运用各种风险分析工具和方法，如敏感性分析、情景分析、蒙特卡罗模拟等，全面评估风险发生的可能性和影响程度。在此基础上，学生还要掌握风险应对的策略和技巧，包括风险规避、风险转移、风险缓解和风险接受等，根据具体情况来制定切实可行的风险控制方案。通过在实践中反复地训练和磨砺，学生的风险管理能力必将得到全面提升。

从素质层面来看，风险评估与控制课程有助于塑造学生的价值观和人格品质。创业是一项充满挑战和不确定性的事业，需要创业者具备勇于承担风险、敢于挑战自我的品格。课程应引导学生正确看待风险与收益的关系，使学生树立"风险无处不在，机遇与风险并存"的理念。学生要学会以积极乐观的心态面对风险，在逆境中仍然保持韧性和坚毅。同时，课程还应加强创业道德教育，培养学生诚实守信、合法合规的品德，坚决抵制侥幸心理和投机行为。唯有如此，学生才能在创业路上笃定前行，做一个有担当、有作为的创业者。

五、法律与知识产权课程

(一)创业法律基础

响应"大众创业、万众创新"的时代号召，越来越多的大学生投身于创业大潮之中。然而，在创业过程中往往存在诸多法律风险和挑战。如果创业者对相关法律知识一无所知，就很容易触碰法律红线，甚至有可能会面临严重的经济损失和法律制裁。因此，高校有必要开设创业法律基础课程，帮助学生掌握创业过程中的基本法律知识，提高法律风险防范意识，为其创业之路保驾护航。

创业法律基础课程应涵盖创业全流程的各个环节，包括创业准备阶段、创业实施阶段和创业管理阶段。在创业准备阶段，学生需要了解企业设立的法律程序、工商注册的具体流程、知识产权保护等方面的知识。教师应引导学生学习相关法律法规，掌握不同类型企业的设立条件、注册资本要求、组织机构设置等规定。同时，还要重点讲解商标注册、专利申请、著作权登记等知识产权保护的基本知识，增强学生的无形资产保护意识。

在创业实施阶段，学生需要掌握合同订立、劳动用工、税收筹划等方面的法律知识。教师应结合生动的案例，讲解合同的订立、履行、变更和解除等环节的法律要点，引导学生在日常经营中重视合同管理，规避合同纠纷。在用工方面，学生要熟悉劳动合同的签订、工资支付、社会保险缴纳等方面的法律规定，避免劳资纠纷的发生。同时,税收筹划也是一个创业企业必须面对的重要问题。教师应介绍税收基本知识,引导学生合理运用税收优惠政策,提高税收筹划能力。

在创业管理阶段,学生需要掌握公司治理、投融资、破产清算等方面的法律知识。教师应重点讲解公司的权力机构、决策机制、利润分配等公司治理的基本原则,帮助学生建立现代企业制度。在投融资方面,学生要了解股权融资、债权融资的法律规定,学会运用法律工具保护投资者权益、防范融资风险。同时,教师还要为学生讲解企业破产清算的法律程序,引导学生在经营困境时合法有序地退出市场。

除了系统讲解创业相关法律知识,创业法律基础课程还应注重培养学生的法律思维和法律素养。教师可以通过模拟法庭、法律讨论等实践教学方式,训练学生运用法律知识分析和解决实际问题的能力。同时,还要引导学生树立法治意识,提高守法经营、依法维权的自觉性。只有将法律知识内化为法律素养,学生才能在创业过程中更好地规避法律风险,维护自身的合法权益。

(二)知识产权保护

在当今知识经济时代,知识产权已经成为企业乃至国家竞争力的关键要素。对大学生而言,掌握知识产权保护的基本知识和技能,不仅有助于提升其创新创业能力,更是维护自身合法权益、应对未来职业挑战的必备素养。

知识产权保护课程应该立足于大学生创新创业的实际需求,系统地向学生传授知识产权的基本概念、法律法规和实务操作。课程内容应涵盖专利、商标、著作权等知识产权的类型和特征,介绍知识产权申请、维护、运用的基本流程和方法,分析知识产权侵权的表现形式和法律后果,讨论知识产权管理和保护的策略和技巧。同时,课程还应该紧密结合大学生创新创业的实践,通过案例分析、模拟训练等方式,加深学生对知识产权保护的理解和掌握。

在教学过程中,教师应该引导学生树立知识产权保护意识,形成“尊重知识、保护创新”的价值理念。一方面,要帮助学生认识到知识产权对于激励创新、促进经济社会发展的重要作用,培养其合法利用知识产权、促进知识共享的社会责任感。另一方面,要提醒学生警惕侵犯他人知识产权的法律风险,养成依法维权、诚信经营的职业操守。教师要通过知识传授和价值引领,使学生成为知识产权保护的积极践行者和坚定捍卫者。

高校还应该搭建知识产权保护的实践平台,为大学生创新创业提供全方位的支持和服务。例如,成立知识产权保护工作站,提供知识产权信息查询、法律咨询、申请代理等服务；建立知识产权保护基金，为大学生创新创业项目提供资金支持和风险保障；开展知识产权保护主题活动，营造尊重知识、保护创新的校园文化氛围。通过实践平台的建设，帮助大学生将知识产权保护落到实处，为大学生的创新创业之路保驾护航。

（三）合同与协议管理

合同与协议管理是创新创业教育法律与知识产权课程的重要组成部分，对于培养学生的法律意识和风险防范能力具有重要意义。在创业实践中，合同和协议是创业者维护自身权益、规避法律风险的重要工具。只有掌握合同与协议管理的基本原理和实务操作，创业者才能在复杂多变的商业环境中立于不败之地。

1.帮助学生深入理解合同的基本概念和法律属性

合同是平等主体之间设立、变更、终止民事法律关系的协议，是在市场经济条件下进行各类经济活动的基础。通过系统地学习合同法的基本原理，学生能够准确把握要约、承诺、合同成立、合同生效等关键概念，了解合同的分类和适用规则，为后续的学习奠定理论基础。同时，教师还应引导学生关注合同法的最新立法动态和司法解释，使其能够及时更新法律知识，提高法律素养。

2.培养学生识别与防范合同风险的能力

商业活动中的法律风险往往源于对合同条款的错误理解或疏忽大意。因此，教师要通过大量案例分析，来训练学生审慎识别合同中的“霸王条款”“灰色地带”等风险点，提高其法律敏感性。针对创业实践中常见的加盟合同、借贷合同、劳动合同等，教师要详细讲解各类合同的特殊条款和常见纠纷，帮助学生掌握风险防控的具体策略。同时，要加强学生合同谈判与磋商的实务技能，强化其维护自身合法权益的能力。

3.引导学生掌握合同订立、履行、变更和解除的操作流程

合同管理贯穿于企业运营的全过程，稍有疏忽都有可能酿成严重后果。因此，教师要帮助学生建立起系统化的合同管理意识，从合同谈判、起草、审核、签署到归档、保管、履行跟踪等各个环节，形成规范有序的操作流程。尤其要强调合同文本的规范性和严谨性，使学生养成细致缜密的工作作风。教师要通过情景模拟等实践教学手段，锻炼学生处理合同纠纷的综合能力，使学生做到从容应对、化险

为夷。

4. 协议管理

相较于合同，协议的法律约束力较弱，但在商业活动中却有着广泛应用，如保密协议、竞业限制协议、股东协议等。教师要引导学生辨析协议与合同的区别，了解常规协议的功能和内容要点。通过案例分析和实务操作，帮助学生掌握协议起草、谈判、签署的基本技巧，提升其灵活运用协议维护权益的能力。

第三节　大学生创新创业教育选修课程与跨学科课程

一、选修课程在大学生创新创业教育中的角色

（一）选修课程的定位

选修课程是高校课程体系中不可或缺的重要组成部分，在大学生创新创业教育中发挥着特殊而关键的作用。与必修课程相比，选修课程具有更大的灵活性和开放性，为学生提供了更多样化的学习选择，满足了其个性化发展的需求。同时，选修课程也为创新创业教育注入了新的活力，成为培养创新型人才的重要载体。

1. 选修课程在定位上具有鲜明的特色

选修课程以学生为本，尊重学生的兴趣爱好，为其提供了自主选择、自由探索的空间。这种学习方式有利于激发学生的内在动力，培养其主动学习和自主管理的能力。与此同时，选修课程又与创新创业教育紧密结合，围绕创业意识培养、创新能力提升等目标来设置课程内容，使学生在学习过程中增强创新精神，锻炼学生的实践技能。可以说，选修课程已经成为大学生创新创业教育的“试验田”和“孵化器”，为创新型人才的培养提供了丰富的土壤。

2. 选修课程发挥育人功能的关键在于其课程内容的设计

一方面，选修课程应紧跟时代发展步伐，及时吸收和融入最新的科技成果和前沿知识，为学生开阔视野，更新知识结构。另一方面，选修课程又要立足于学生实际，针对其在创新创业方面的需求和不足，有的放矢地为学生补充相关知识和

技能。此外，优质的选修课程还应注重理论与实践的结合，通过项目实践、案例分析等方式，帮助学生将所学知识内化为创新创业的实际本领。只有不断优化课程内容，紧密对接创新创业实践，选修课程才能真正发挥其应有的育人功效。

3.选修课程的实施策略直接影响其教学质量和育人效果

首先，高校应建立健全选修课程管理制度，完善课程设置、学分认定、教学评估等各项规章制度，为选修课程的有序开展提供制度保障。其次，高校还应加强师资队伍建设，通过引进企业导师、聘请创业校友等方式来充实师资力量，提升授课教师的“双创”指导能力。再次，要创新教学模式和方法，充分利用信息技术手段，探索线上线下混合式教学，增强选修课程的吸引力和感染力。最后，建立多元评价体系也至关重要，要将过程性评价和终结性评价相结合，全面考查学生的知识、能力和素质，引导其在“做中学”，在“创中学”。

（二）选修课程的作用

与必修课程相比，选修课程具有更大的灵活性和针对性，能够满足学生个性化、多样化的学习需求。通过开设丰富多彩的创新创业类选修课，高校可以为学生提供更多接触创新创业知识和实践的机会，进而激发其创新意识和创业热情。

首先，选修课程有助于拓宽学生的知识视野，为学生的创新创业奠定必要的理论基础。创新创业是一项复杂的系统工程，涉及管理、经济、法律、技术等多个领域的知识。通过选修不同专业领域的课程，学生可以跨学科学习，建立起完整的知识体系，培养自己多角度思考问题的能力。这种宽口径的知识积累，可以帮助学生开阔思路，提出创新的想法和解决方案。

其次，选修课程为学生提供了参与创新创业实践的平台。许多高校在创新创业选修课中融入了项目实践、案例分析、模拟训练等实践教学环节，学生可以通过亲身参与其中，将所学知识运用到实际情境中，提升自己的动手操作能力和解决实际问题的能力。这种“做中学”的实践锻炼，可以帮助学生积累创业经验，提升创业技能，为未来的创业之路奠定良好的基础。

再次，选修课程有利于培养学生的创新精神和创业意识。创新创业选修课往往采用启发式、讨论式的教学方式，鼓励学生积极思考、勇于质疑，激发其好奇心和探索欲望。同时，一些选修课还需邀请创业成功者担任讲座嘉宾或导师，与学生分享创业历程和心得体会。这些课程能够潜移默化地影响学生的价值观念，让其意识到创新创业的重要性和可能性，从而使学生树立创业意识和信心。

此外，选修课程为学生搭建了交流合作的平台。选修创新创业课程的学生往往来自不同年级、不同专业，具有不同的知识背景和经验积累。通过小组协作、项目合作等形式，学生可以相互启发、取长补短，碰撞出创新的火花。这种跨专业、跨领域的交流合作，不仅能够促进知识的融合与创新，还能帮助学生培养团队协作、沟通表达等创新创业所需的关键能力。

最后，丰富的创新创业选修课程有助于营造良好的创新创业氛围。随着高校开设的此类课程越来越多，参与的学生越来越广泛，创新创业就会逐渐成为校园文化的重要组成部分。在这样一种氛围的感染之下，更多学生会被激励，主动走上创新创业的道路，形成“三创”人才培养的良性循环。

二、大学生创新创业教育选修课程的设计原则

（一）需求导向原则

大学生创新创业教育课程体系的构建应以学生需求为导向，兼顾学生的个性化发展和社会发展需要。只有从学生的实际需求出发，课程设置才能真正激发学生的学习兴趣，调动其参与创新创业实践的主动性和积极性。

学生需求导向要求教师深入了解学生的认知特点、能力基础、兴趣爱好等，据此来设计教学内容和教学活动。对于创新创业教育而言，学生需求主要体现在三个方面：一是知识需求，即掌握从事创新创业活动所需的基本理论和方法；二是能力需求，即培养识别机会、整合资源、开展创新实践的关键能力；三是素质需求，即树立创新意识、培养创业精神、锻造创业品格。课程设置应围绕这三大需求，为学生提供系统化、个性化的指导和帮助。

需求导向的创新创业课程应体现多样性和选择性。由于学生的专业背景、认知风格、职业规划各不相同，对创新创业教育的需求也存在着较大差异，因此，课程设置既要涵盖面广，能够满足不同专业学生的共性需求，又要有所侧重，能够为学生提供更多选择的空间。例如，可以开设针对全体学生的通识课程，传授给学生创新创业基本知识；同时开设不同专业领域的特色课程，向学生讲授特定行业的创业实务。选修课与必修课相结合，理论课与实践课相配套，才能最大限度地适应学生的多元化需求。

需求导向要求创新创业教育课程紧跟时代发展步伐，将最前沿的理念、知识、技术及时纳入教学内容。当前，新一轮科技革命和产业变革正在蓬勃兴起，大数

据、人工智能、区块链等新技术广泛应用于创新创业实践，深刻改变着创业模式和创业生态。对此，课程设置应主动作为，引导学生把握时代脉搏，运用新技术探索创新创业新路径、新业态。只有让学生学到最新知识、掌握最新技能，才能增强其应对未来挑战、把握发展机遇的能力。

需求导向的创新创业课程还应强调专创融合，促进创新创业教育与专业教育的有机结合。当前，许多高校的创新创业教育还处于“两张皮”的状态，与学生所学专业缺乏实质关联。事实上，专业教育是创新创业教育的基础，为学生积累专业知识、培养专业能力奠定了基础。同时，创新创业教育又能反哺专业学习，引导学生运用所学知识来解决实际问题。课程设置应注重挖掘各专业的创新创业教育元素，引导学生将专业知识转化为创新成果、创业项目。这种专创融合不仅能提升学生创新创业的专业化水平，也有利于增强学生的学习兴趣和专业认同感。

(二)实践性原则

实践性是大学生创新创业教育选修课程设计的重要原则。创新创业能力的培养离不开实践的锻炼和历练，只有在实际的创业环境中，学生才能真正地理解和掌握创新创业所需要的知识、技能和素质。因此，选修课程的设计必须要充分考虑实践性原则，为学生提供丰富多样的实践机会，使其在实践中不断积累经验、提升能力。

具体来说，实践性原则要求选修课程在教学内容、教学方法和考核方式上都要体现实践导向。在教学内容方面，课程应该紧密结合创新创业实践，引入真实的创业案例和项目，让学生了解到创业过程的复杂性和挑战性。同时，课程还应该为学生提供动手实践的机会，如创业计划书撰写、市场调研、产品设计等，使其在实践中掌握创业所需的基本技能。

在教学方法方面，实践性原则要求采用参与式、体验式的教学模式，突出学生的主体地位。教师应该是知识的传授者，还应该是学生实践活动的组织者、引导者和协助者。教师可以通过角色扮演、情景模拟、小组讨论等方式，营造出真实的创业情境，以此来激发学生的创业热情和动力。此外，课程还应该鼓励学生走出校园，深入创业一线，通过实地考察、访谈创业者等方式，使学生直接感受创业的艰辛和乐趣。

在考核方式方面，实践性原则要求改变传统的“一考定终身”模式，建立过程性评价和结果性评价相结合的考核体系。教师不仅要考查学生对创新创业知识的掌握程度，更要重视其在实践中的表现和能力提升。可以采取创业计划书评比、创业项目路演等方式，考查学生运用所学知识解决实际问题的能力。同时，还要引入企业导师、创业者等校外力量参与考核，提供多元化的评价视角，增强考核的客观性和权威性。

（三）持续改进原则

持续改进是大学生创新创业教育选修课程设置和教学实践必须坚持的重要原则。创新创业教育作为一种新兴的教育理念和实践形式，尚处于探索和发展阶段，课程体系和教学模式都有待进一步完善。因此，只有秉持开放、动态、发展的理念，不断优化课程设置，创新教学方法，才能真正实现创新创业教育的目标，培养学生的创新精神和创业能力。

从课程设置的角度来看，持续改进原则要求教育工作者根据社会发展需求和学生成长需要，动态调整选修课程的内容和结构。一方面，要紧跟时代步伐，将最新的科技成果、商业模式、管理理念等及时纳入教学内容中，从而使课程体系始终保持与时俱进的特点。另一方面，要深入分析学生的兴趣爱好、知识基础、能力水平等，有针对性地设计课程内容，为学生提供个性化、多样化的学习机会。只有在“顶层设计”中贯彻持续改进原则，才能构建起开放、灵活、富有弹性的创新创业教育课程体系。

从教学实践的角度来看，持续改进原则要求教师树立终身学习意识，不断更新教学理念，改进教学方法。创新创业教育不同于传统的知识传授型教学，更加注重引导学生主动探索、动手实践、勇于创新的能力。这就要求教师突破惯有的思维定式和教学模式，积极尝试启发式、参与式、体验式等教学方法，调动学生学习的主动性和积极性。同时，教师还要虚心听取学生的意见反馈，客观评估教学效果，在实践中不断反思和改进。唯有如此，才能真正实现“教学相长”，推动创新创业教育不断迈上新台阶。

三、大学生创新创业教育跨学科课程的设置方法

（一）跨学科课程的选题原则

1.科学性

科学性要求选题立足于学科前沿，紧跟学术发展动态，具有理论创新价值和实

践指导意义。选题应源自学科交叉融合的最新成果，要能够反映不同学科领域的互动与碰撞，体现知识的综合性和交叉性。同时，选题还应契合创新创业教育的内在规律和人才培养目标，为学生未来的创新实践活动提供必要的理论支撑和方法指导。

2.前沿性

前沿性要求跨学科课程的选题紧跟时代发展步伐，聚焦经济社会发展中的热点难点问题。一方面，选题应立足于国家战略需求和行业发展趋势，要关注重大理论问题和关键技术难题，引导学生运用跨学科知识探索解决方案。另一方面，选题还应体现区域经济社会发展的特色和需求，发掘具有地方特色的实践课题，培养学生服务地方发展的意识和能力。通过设置前沿性的选题，跨学科课程能够激发学生的创新热情，培养其敏锐的问题意识和强烈的家国情怀。

3.实践性

实践性要求跨学科课程的选题来源于创新创业实践，又高于创新创业实践。一方面，选题应立足创新创业实践活动中遇到的真实问题，如在创业过程中的技术瓶颈、管理难题等，引导学生运用跨学科知识提出解决方案。另一方面，选题的理论深度和综合性又应超越一般的创新创业实践，要从更高的视角审视问题的本质，提炼具有普遍意义的理论认识。通过实践性的选题设置，跨学科课程能够帮助学生深化对理论知识的理解，提升分析问题、解决问题的实践能力。

4.可行性

可行性要求跨学科课程的选题难易程度适中，与学生的认知基础和学习能力相匹配。选题应在学生已有知识结构的基础上，适度拓展新的学科视角和研究方法，激发学生的学习兴趣和探究欲望。同时，选题的难度还应考虑课程的时间限度、师资条件等客观因素，确保教学目标能够在规定时间内完成。此外，可行性还要求选题的研究资料丰富、案例典型，便于学生开展调查研究和实践探索。

(二)跨学科课程的教学设计

跨学科课程的教学设计是大学生创新创业教育的重要环节，对于培养学生的创新意识和创业能力具有重要意义。设计高质量的跨学科课程需要遵循科学的原则，采用合理的方法，并充分考虑不同学科的特点和学生的实际需求。

第一，跨学科课程的教学设计应该以需求为导向，紧密结合创新创业教育的目标和学生的发展需要。教师要深入地分析不同专业学生的知识结构、能力水平和兴趣爱好，了解社会经济发展对创新创业人才的需求，进而确定课程的教学目标和内容体系。只有立足于实际需求，才能使跨学科课程的教学设计更加科学合理，使其能够更好地服务于学生的成长和发展。

第二，跨学科课程的教学设计要体现学科交叉融合的特点，促进不同学科知识的有机结合。创新创业活动往往需要综合运用多学科的知识和方法，单一学科的视角难以应对复杂的现实问题。因此，跨学科课程的教学设计要打破学科壁垒，引导学生跨学科思考，培养其知识整合与迁移的能力。教师可以围绕现实问题来设计教学内容，引导学生运用不同学科的理论和方法分析问题、解决问题，在实践中加深对知识的理解和加强运用能力。

第三，跨学科课程的教学设计要突出以学生为中心，注重培养学生的主动探究和实践能力。创新创业教育不能仅停留在对知识的传授上，更要激发学生的好奇心和求知欲，调动其主动学习的积极性。教师要转变教学理念，从“教”到“导”，营造开放、互动的教学氛围，为学生提供自主探究、动手实践的机会。例如，教师可以采用项目驱动、案例分析等教学方法，鼓励学生提出问题、设计方案、动手实践，在“做中学”中提升自身的创新创业能力。

第四，跨学科课程的教学设计要兼顾理论与实践、科学性与趣味性的统一。一方面，教学内容要立足学科前沿，反映创新创业领域的最新进展和发展趋势，要能够帮助学生了解行业动态，把握发展机遇。另一方面，教学形式要丰富多样，调动学生的多感官参与，激发其学习兴趣和热情。教师可以运用信息技术手段，开发形式新颖、内容丰富的数字化教学资源，为学生营造沉浸式、交互式的学习体验。

四、大学生创新创业教育选修课程与跨学科课程的融合

（一）融合的实施策略

融合大学生创新创业教育选修课程与跨学科课程，是顺应时代发展、深化创新创业教育改革的重要举措。这种融合不仅有利于拓宽学生的知识视野，培养其创新意识和创业能力，更能够推动高校创新创业教育体系的完善和优化。

从课程设置层面来看，选修课程与跨学科课程的融合能够丰富创新创业教育

的内容和形式。传统的创新创业教育课程往往会局限于某一学科领域，难以满足学生多元化、个性化的学习需求。而通过整合不同学科的优质教学资源，开设融合创新创业元素的选修课程，学生可以接触到更加广阔的知识领域，掌握多学科交叉融合的研究方法，从而激发自身的创新灵感，提升自身的创业潜力。同时，跨学科课程强调不同学科之间的对话与融通，鼓励学生打破思维定式，用多元视角审视问题，这对于培养学生的批判性思维和创新能力具有重要意义。

从教学实施层面来看，选修课程与跨学科课程的融合有助于创新教学模式，提升教学质量。在融合课程中，教师可以采用项目驱动、案例分析、小组协作等多种教学方法，引导学生将所学知识运用到创新创业实践中。通过设计开放性、综合性的项目任务，学生能够深度参与其中，在与他人协作的过程中提升团队意识和沟通能力。同时，教师还可以邀请企业导师、创业校友等参与到课程教学之中，为学生提供真实的创业案例和实践机会。这种"产学研"相结合的教学模式，能够拉近理论与实际的距离，帮助学生深化对创新创业的认识和理解。

从学生发展层面来看，选修课程与跨学科课程的融合最终要落到促进学生全面发展之上。在融合课程的学习过程中，学生不仅能够掌握扎实的专业知识和技能，还能够提升自身的创新思维和创业能力。通过参与创新创业项目实践，学生可以锻炼领导力、执行力、抗压能力等多种核心素质，这些都是在未来成长发展过程中所必需的。更为重要的是，融合课程为学生提供了一个探索自我、发现潜力的平台。许多学生在学习过程中找到了自己的兴趣所在，确立了未来发展方向，这对于其职业生涯规划具有重要的指导意义。

（二）融合的挑战与对策

大学生创新创业教育是一个系统工程，需要选修课程和跨学科课程的有机融合。这一融合过程虽然面临着诸多挑战，但通过科学的顶层设计和具体举措，定能破解难题，实现协同育人的目标。

选修课程和跨学科课程在培养学生创新创业能力方面各有所长，选修课程以学生兴趣为导向，为其提供了探索前沿知识、拓展学科视野的平台。而跨学科课程则强调不同学科的交叉融合，这有助于学生打破思维定式，培养批判性和创造性思维。然而，如何实现两类课程的有机融合，避免"两张皮"现象，是一大挑战。

融合的难点在于课程体系的碎片化和教学资源的分散化。选修课程和跨学科课程往往由不同院系开设，缺乏统筹协调，导致课程内容重复、教学目标不一致等问题。同时，两类课程对教师的知识结构和教学方式提出了更高要求，而现有的师资队伍建设还不能完全适应。此外，学分认定、课程评估等制度层面的障碍，也制约了两类课程的深度融合。

破解这些难题，需要在制度、资源、师资等方面来系统地施策。首先，要加强顶层设计，制定选修课程和跨学科课程融合的总体方案，明确培养目标和实施路径。其次，要整合教学资源，建立课程共享平台，促进信息交流和资源共享。再次，要加强师资培训，提升教师的跨学科教学能力和创新创业指导水平。最后，要完善配套制度，健全学分互认、课程评估等体系，为两类课程的融合提供制度保障。

在具体实施层面，可以探索多种融合模式。比如，开设创新创业导论课，系统地阐述创新创业的基本理论和方法，为学生搭建选修课程和跨学科课程的学习框架；开展创新创业项目训练营，聚焦于具体问题，组织学生开展跨学科协作攻关；实施“选修课程＋跨学科课程”的组合学分制，鼓励学生交叉选课，强化对复合型人才的培养。

第三章　大学生创新创业教育的资源

第一节　大学生创新创业教育的校内资源

一、大学生创新创业教育校内资源的分类

(一)教学资源

教学资源是大学生创新创业教育的重要组成部分，它直接影响着创新创业教育的质量和效果。教学资源主要包括课程体系、师资队伍、教材建设、实践平台等方面。

1. 课程体系

课程体系是创新创业教育的核心，它涵盖了通识教育课程、专业教育课程、创新创业教育课程等多个模块。通识教育课程注重培养学生的人文素养和科学精神，并且为创新创业教育奠定思想基础；专业教育课程重点传授专业知识和技能，提升学生的专业素质；而创新创业教育课程则侧重于激发学生的创新意识，培养其创业能力。三类课程相辅相成，共同构筑起完整的创新创业教育课程体系。

2. 师资队伍

高校应积极引进和培养一批具有丰富创新创业实践经验的“双师型”教师，鼓励教师深入一线，参与创新创业项目，提高自身的实践指导能力。同时，高校还应完善教师评价和激励机制，将教师参与创新创业教育的情况纳入考核体系，以此来调动教师投身创新创业教育的积极性。此外，高校还可以聘请企业家、创业成功者等担任兼职导师，为学生提供更加专业、前沿的创业指导。

3. 教材建设

传统的教材往往偏重对理论知识的讲解，缺乏实践案例和操作指导。因此，高校应加强创新创业教育教材建设，注重理论与实践的结合，增加案例分析、实训

指导等内容。同时，鼓励教师根据教学需要来自主开发特色教材，将前沿动态、经典案例融入教学，提高教材的针对性和实用性。

4. 实践平台

高校应充分利用各类教学资源，搭建多层次、多类型的创新创业实践平台。例如，依托专业实验室、工程训练中心等，建立创新创业实训基地；整合校内外导师资源，组建创业导师库；鼓励学生成立创新创业社团，开展创业沙龙、创业大赛等活动；引入创业孵化器，为学生提供场地、资金、政策等支持。通过构建"课堂教学-实践训练-孵化支持"的全链条实践平台，为学生的创新创业提供全方位服务。

（二）实验资源

高校实验教学资源是指高等院校用于实验教学的各种物质资源和非物质资源的总和，其中既包括实验场地、实验仪器设备、实验教材、实验指导人员等有形资源，也包括实验教学方法、实验教学管理制度、实验教学文化等无形资源。实验教学资源是高校开展实验教学活动的基础和保障，对于培养学生的实践能力、创新能力和科学素养具有重要意义。

随着高等教育的不断发展和社会对人才培养质量的日益重视，高校实验教学资源建设已经成为提升人才培养质量的关键环节。一方面，高校需要加大对实验教学资源的投入力度，改善实验教学条件，更新实验仪器设备，丰富实验项目内容。另一方面，高校还需要优化实验教学资源配置，提高资源利用效率，促进资源共享。同时，高校还应重视对实验教学队伍的建设，提升实验教师的专业水平和教学能力，从而为学生提供高质量的实验指导和服务。

在实验教学资源建设过程中，高校应突出资源的实用性和创新性。实用性要求实验教学资源能够满足教学需要，与理论教学相结合，为学生提供动手实践的机会。创新性则要求实验教学资源能够紧跟学科前沿，反映最新科技成果，激发学生的创新意识和探究精神。例如，在计算机专业实验教学中，高校可以引入人工智能、大数据、云计算等前沿技术，开设相关实验项目，培养学生的创新能力。又如，在生物学专业实验教学中，高校可以开设基因工程、细胞工程等创新性实验，让学生能够了解生命科学最新进展，提高其科研素养。

（三）图书资源

图书馆作为高校创新创业教育的重要资源载体，不仅为大学生提供了丰富的知识宝库，更在营造创新创业氛围、提升信息素养、培养实践能力等方面发挥着不可替代的作用。图书馆拥有大量涵盖科学技术、经济管理、人文社科等各学科领域的纸质和电子文献资源，为大学生创新创业项目的选题调研、方案设计、理论支撑提供了知识基础。通过查阅相关文献，学生可以了解所在领域的前沿动态和发展趋势，开阔创新思路，规避研究重复，提高项目的前瞻性和创新性。

图书馆搭建了各类数字资源平台和检索系统，这使得学生能够便捷、高效地获取所需信息。这不仅节约了文献查询的时间成本，更培养了学生的信息意识和检索技能。在大数据时代，信息的获取、加工和利用能力已经成为创新创业活动中的关键竞争力。图书馆数字资源环境的建设，为学生适应信息社会、提升信息素养创造了条件。

图书馆积极开展形式多样的创新创业教育活动，如创业沙龙、创客空间、创业大赛等，为学生提供了交流分享的平台。在这里，学生可以与创业导师面对面交流，了解创业政策和市场需求；可以与志同道合的伙伴组建团队，开展头脑风暴；可以将创意项目进行众筹路演，接受市场检验。这些活动不仅激发了学生的创新创业热情，锻炼了学生的团队协作能力，更为学生提供了将创意付诸实践的机会。创新创业理念只有在实践中才能转化为现实生产力，图书馆搭建的实践平台则恰恰弥补了课堂教学的不足。

图书馆还充分发挥人才智力优势，组织专家学者开展创新创业指导。通过举办创业导师讲座、开设创新方法课程、提供专利检索服务等，图书馆将创新创业理论与实务紧密结合，引导学生开展系统化的创新创业实践。这种“教、学、做”三位一体的创新创业教育模式，不仅提高了理论学习的针对性和实效性，更加速了对创新成果的转化和应用。

二、大学生创新创业教育校内资源的共享机制

（一）资源整合

大学生创新创业教育校内资源的整合是一项系统工程，需要从顶层设计入手，统筹规划、科学布局。资源整合的首要任务是摸清家底，全面梳理学校内部可用于创新创业教育的各类资源，包括师资队伍、实验实训室、图书资料、网络平台等，为后续的资源优化配置奠定基础。在此基础上，学校应成立专门的创新创业教育资源管理机构，由它负责制定资源整合方案，协调各部门、各学科之间的资源共享与流动。

资源整合的关键在于打破学科壁垒和部门界限，推动跨学科、跨部门的资源共享与协同创新。传统的教学组织方式往往以学科为单位，各自为政，资源分散，难以形成合力。而创新创业教育需要多学科知识的交叉融合，单一学科的资源难以满足培养需求。因此，学校应积极探索矩阵式、项目式的资源组织模式，根据创新创业教育的需要，灵活组建跨学科的师资团队和教学团队，共同开发课程资源，指导学生进行实践。同时，学校还应搭建校内外资源对接平台，引入企业、社会等外部资源参与创新创业教育，实现优势互补、资源共享。

资源整合的目的是提升创新创业教育的质量和效益，因此必须建立健全的资源使用绩效评估机制。学校应制定科学的资源使用标准和绩效指标体系，定期评估各类资源的使用效率和育人效果，并将评估结果作为资源调配的重要依据。对于资源使用绩效突出的单位和个人，学校应给予其表彰和奖励，激励他们继续探索资源整合的新途径、新方法。而对于资源使用效率低下、育人效果不佳的情况，学校应及时采取措施，优化资源配置，提高资源利用率。

(二)平台建设

1.实现校内资源的系统整合

当前，高校创新创业教育资源虽然丰富，但往往分散在各个部门和学科，缺乏统一的管理和调配。这不仅造成了资源利用率低下的情况，也不利于学生快速获取其所需的资源。因此，高校应建立统一的创新创业资源数据库，将教学、科研、实验、图书等资源进行分类编目，形成完整的资源目录。同时，还应建立资源共享的协调机制，打破部门壁垒，促进资源的跨部门、跨学科流动。

2.注重功能的完善和拓展

一方面，平台应为学生提供便捷的资源检索和申请渠道。学生可以根据自己的创新创业项目需求，通过平台来快速查找和申请自己所需的师资、场地、设备、经费等资源。平台应建立规范的资源申请和审批流程，确保资源分配的公平公正。另一方面，平台还应搭建一座师生互动交流的桥梁。鼓励教师在平台上发布创新创业指导信息，为学生答疑解惑；同时，学生也可以通过平台来展示自己的创新创业成果，吸引更多师生参与交流讨论。这种良性互动不仅能提高资源利用率，也有助于营造浓厚的创新创业氛围。

3. 体制机制创新

高校应成立专门的创新创业教育管理机构来负责统筹规划和协调推进平台建设工作。在运行机制上，高校可引入市场化理念，吸引社会资源参与平台建设和运营。例如，与知名创新创业服务机构合作，为在校师生提供专业化、个性化的指导服务；鼓励校友、企业家等社会资源进入校园，为学生创新创业提供资金、技术、管理等支持。同时，还应建立健全平台的激励和考核机制。通过制定科学合理的绩效考核标准，将平台建设与教师的教学科研工作、学生的学业发展相结合，来调动各方参与平台建设的积极性。

4. 加强创新创业教育平台的品牌建设

通过凝练特色鲜明的平台建设理念，营造独具一格的创新创业文化，吸引更多优秀师生的加入。同时，还可举办形式多样的创新创业竞赛、论坛、展览等活动，提高平台的社会影响力和美誉度。优秀的品牌形象不仅能为平台发展赢得更多资源，也能带动地区乃至全国创新创业教育的发展。

（三）共享模式

构建资源共享机制是实现大学生创新创业教育校内资源优化配置的关键环节。资源共享不仅能够提高资源利用的效率，节约教育成本，更能够促进不同学科、不同部门之间的交流融合，从而激发创新创业教育的活力。然而，由于各部门的利益诉求不同、管理体制各异，资源共享往往面临着诸多困难和挑战。因此，高校必须从顶层设计入手，探索多元化的资源共享模式，破除制度藩篱，推动对创新创业教育资源的有效整合。

从横向维度看，高校可以探索建立跨学科、跨部门的资源共享平台。这一平台应该集教学、科研、实践等功能于一体，为学生提供全方位的创新创业教育服务。例如，高校可以整合工科、理科、人文社科等不同学科的实验室资源，建立开放性的创新创业实践基地。在这里，学生可以自主组建跨学科的项目团队，开展创新性实验和创业实践活动。与此同时，来自不同学科背景的指导教师也可以通过平台实现教学资源的共享，合作开发创新创业教育课程，指导学生开展科技创新和创业实践。这种跨学科的资源共享模式有利于打破学科壁垒，促进知识的交叉融合，培养学生的创新思维和创业能力。

从纵向维度看，高校可以探索构建政产学研用协同的资源共享机制。高校作为创新创业人才培养的主阵地，理应主动对接地方政府、行业企业、科研机构等外部资源，建立产教融合、校企合作的资源共享机制。例如，高校可以通过与地方政府合作来共建大学科技园，吸引企业入驻，为学生提供真实的创业实践环境；与行业企业合作建立创新创业人才培养基地，引进企业导师，开展项目制学习；与科研院所合作建设技术转移中心，促进科技成果转化，为学生创业提供技术支撑。通过政产学研用协同，高校能够充分利用社会资源来丰富创新创业教育形式，拓宽学生视野，提升人才培养的质量。

高校还应注重发挥学生主体作用，鼓励其参与资源共享机制的构建。作为创新创业教育的受益者，学生最了解自身的需求，也最有创造力。高校可以成立由学生自主管理的创新创业社团联盟，搭建校内创新创业项目资源共享平台。在这一平台上，不同社团、不同专业的学生可以分享项目经验、交流创意思路、整合创业团队，实现资源的互利共赢。同时，学生参与资源共享平台建设的过程，本身也是一次宝贵的创新创业实践，能够锻炼其组织协调、沟通合作的能力。

三、大学生创新创业教育校内资源的优化配置

(一)资源分配

资源分配是大学生创新创业教育校内资源优化配置过程中的关键环节，合理、科学的资源分配能够最大限度地发挥校内资源的价值，为大学生的创新创业活动提供有力支撑。然而，当前许多高校在创新创业教育资源分配方面还存在一些问题，如资源分配不均衡、缺乏系统性、资源浪费等，严重制约了创新创业教育的质量和成效。

高校应根据创新创业教育的目标和要求，结合自身的资源禀赋，构建起科学合理的资源分配机制。

首先，要坚持需求导向原则，以大学生创新创业能力培养为出发点，有针对性地配置教学、实践、指导等方面的资源。通过问卷调查、访谈等方式来深入了解学生的创新创业需求，并据此进行资源的动态调整，提高资源利用的精准性和有效性。

其次，要坚持效益最大化原则，在保证资源配置公平性的基础上，注重资源使用绩效，避免资源闲置和浪费的情况。对实验室、众创空间等创新创业场地资源，可探索预约使用、适度开放的管理模式，提高利用率。对指导教师、创业导师等人

力资源，则要建立科学的评价和激励机制，调动其参与创新创业教育的积极性。

再次，要坚持协同联动原则，促进不同类型资源的有机整合和深度融合。大学生创新创业是一项系统工程，需要教学、科研、实践等多方面资源的协同支持。高校应打破学科壁垒和部门界限，加强校内外资源的统筹协调，实现资源的优势互补和综合集成。可以探索建立创新创业教育资源共享平台，促进资源的跨学科、跨部门流动。

最后，要坚持动态优化原则，根据创新创业教育发展的新形势和新要求，不断完善资源分配方案。伴随着经济社会的快速发展，大学生创新创业逐渐呈现出新的特点和趋势，对教育资源的需求也在不断变化。高校要建立资源分配的监测评估和反馈改进机制，定期开展对资源使用情况的跟踪分析，及时发现和解决资源配置中的问题，持续优化资源分配策略。

（二）资源利用

校内资源作为创新创业教育的重要支撑，其利用水平直接关系到教育目标的实现程度。然而，当前许多高校的创新创业教育资源利用还存在着诸多不足，主要表现为资源利用效率不高、资源配置不合理、资源整合不到位等问题，这些问题严重制约了创新创业教育的深入开展。因此，高校必须立足于自身实际，遵循资源利用规律，采取有效措施来切实提高创新创业教育校内资源的利用水平。

1. 科学评估是提高创新创业教育资源利用水平的前提

高校要全面了解和掌握校内可用于创新创业教育的资源状况，包括资源的数量、质量、分布、特点等，这是制定资源利用方案的基础。通过调查摸底、大数据分析等方式，高校可以系统地梳理校内实验室、图书馆、网络平台、师资队伍、创业孵化基地等资源的利用现状，找出资源闲置、重复建设、使用效率低下等问题，为后续的资源优化配置提供决策参考。同时，科学的资源评估还应关注不同资源之间的匹配度和互补性，以便更好地发挥资源的综合效益。

2. 统筹规划是提高创新创业教育资源利用水平的关键

在全面评估的基础上，高校要根据创新创业教育的目标定位和学生发展需求，科学制定资源利用的总体规划和政策措施。规划要突出以学生为中心，以提高资源利用效率为导向，注重资源的共享开放、学科交叉、产教融合等。比如，学校可以建立健全创新创业教育资源的共享机制，打破院系壁垒，实现资源的互通有无；加强创新创业教育与专业教育的融合，鼓励将专业实验室、实习基地等资源用于学生创新创业实践；积极推进校企、校地、校校合作，拓展校外优质资源，为学生提供更多的创新创业实践平台。

3. 强化管理是提高创新创业教育资源利用水平的保障

科学完善的管理制度是提高资源利用效率的重要手段。高校要建立健全创新创业教育资源管理的领导体制、运行机制、考核评价等制度，形成分工明确、权责一致、协调有序的管理格局。在管理过程中，要加强对资源使用全过程的监督和绩效评估，及时发现并解决资源使用中的突出问题，不断优化资源配置。比如，对闲置资源要及时进行调剂使用，提高资源使用率；对使用频次高、效果好的资源，要加大支持力度，发挥示范引领作用；对跨部门、跨学科的资源整合，要加强统筹协调，避免"各自为政"。通过科学有效的管理，高校能够充分挖掘和盘活创新创业教育资源，不断提升资源利用水平。

4. 构建"创新创业资源图谱"是提高资源利用水平的创新举措

在信息技术飞速发展的时代，高校可以充分地利用大数据、人工智能等手段，建立起动态管理、智能推送的"创新创业资源图谱"。通过对校内创新创业教育资源进行数字化采集、语义化表示和关联化组织，形成结构化、层次化、网络化的资源图谱，师生可以便捷、精准地检索查询所需资源，从而大大提升资源的可及性和匹配度。图谱还能智能推荐学生可能感兴趣的资源，为学生"私人定制"创新创业学习资源包。同时，基于图谱的资源使用情况分析，可以帮助学校掌握资源使用的趋势特点，优化资源布局。可以说，"创新创业资源图谱"是智慧校园的重要应用场景，代表了资源管理的新趋势、新方向。

四、大学生创新创业教育校内资源的协同管理

（一）协同机制

从组织架构来看，协同机制应以学校党政领导为核心，建立由教务处、学生处、团委、科研处等部门参与的联动机制。在此基础上，还应成立专门的创新创业教育指导委员会来负责统筹规划、指导实施创新创业教育工作。委员会成员应由相关职能部门负责人、具有丰富指导经验的教师代表、行业企业专家等组成，形成

多方参与、各司其职、密切配合的工作格局。

从运行机制来看,协同机制应建立健全创新创业教育的制度体系,要明确各部门在资源配置中的职责权限和流程规范。例如,制定创新创业教育课程开发与管理办法,规范课程体系建设;出台创新创业训练项目管理办法,引导学生开展科研实践;建立创新创业导师库,为学生提供全过程、个性化的指导;完善学分积累与转换制度,促进校企合作育人等。通过制度建设,形成职责明晰、流程顺畅、执行有力的协同运行机制。

从激励机制来看,协同机制应注重调动校内各方面的积极性和创造性。一方面,要建立健全绩效考核和奖惩机制,将创新创业教育工作纳入学校、院系和教师的考核指标体系,并与资源分配、职称评定等挂钩,进而提高广大教师的参与度和投入度。另一方面,要完善学生创新创业激励政策,加大对优秀创新创业项目、竞赛成果的表彰和奖励力度,设立创新创业奖学金,鼓励更多学生投身于创新创业实践之中。

从沟通机制来看,协同机制应搭建校内外交流合作平台,促进资源共享和优势互补。在校内,学校要定期召开创新创业教育工作会议,总结经验、研判形势、部署任务,加强横向联系和工作对接。同时,要充分利用网络平台,建立创新创业教育信息化管理系统,实现资源共享、项目管理、过程监控、绩效评估等功能。在校外,学校要主动对接地方政府、行业企业、科研院所等,建立产学研用协同创新机制,整合各类创新创业资源,拓宽人才培养渠道。

(二)绩效评估

绩效评估是大学生创新创业教育校内资源协同管理的关键环节,对于提升资源利用效率、实现教育目标具有重要意义。科学、规范的绩效评估不仅能够全面评价创新创业教育资源的配置和使用情况,发现其存在的问题和不足,更能够激励相关主体优化资源管理策略,探索更加高效的资源协同路径。

1.构建多元化的绩效评估指标体系是开展科学评估的基础

传统的资源绩效评估往往偏重于投入产出比等单一量化指标,难以准确反映出创新创业教育资源利用的质量和效益。因此,在设计绩效评估指标时,应综合考虑资源投入、过程管理、成果产出等多个维度,兼顾定量分析和定性描述,力求全面、客观地评价资源利用绩效。同时,指标体系的设计还应充分体现创新创业教育的特点,注重对学生创新意识、创业能力等关键要素的考查,引导资源向人才培养目标聚焦。

2. 完善多元主体参与的绩效评估机制是提高评估质量的关键

高校创新创业教育资源的利用主体多元，既包括教学、科研、实践等校内部门，也涉及企业、社会组织等校外力量。不同主体对资源利用效果有着不同的认知和诉求，单一主体的评估难免会存在片面性和局限性。因此，应建立起政府、高校、企业、社会多元主体共同参与的绩效评估机制，通过校内外评估相结合、自评与他评相结合等方式形成多视角、立体化的评估格局，进而提高评估结果的全面性和可信度。

3. 强化绩效评估结果应用是发挥评估导向作用的重要举措

绩效评估不应是“评而不改”的形式主义，而应成为优化资源管理、改进教育实践的“指挥棒”。一方面，高校要建立健全绩效评估反馈机制，及时将评估结果反馈到资源管理的各个环节之中，并以此为基础调整优化资源配置，改进管理策略和实践方式。另一方面，要加大评估结果的运用力度，将其作为资源投入、绩效考核、奖惩激励等的重要依据，形成“以评促建、以评促改、以评促管”的良性循环，切实提升创新创业教育资源利用的针对性和实效性。

第二节　大学生创新创业教育的校外资源

一、大学生创新创业教育的金融机构资源

(一)金融机构的支持方式

作为创新创业活动的重要资金来源，金融机构可以通过多种方式来为大学生提供切实的帮助。首先，商业银行可以开发针对大学生创业的专门贷款产品，简化审批流程，降低准入门槛，为优质创业项目提供信贷支持。这些贷款通常具有利率优惠、期限灵活等特点，能够有效缓解大学生创业初期的资金压力。其次，银行可以为创业大学生提供综合金融服务，包括结算、理财、保险等，帮助其合理配置资金，规避创业风险。

再次，创业投资基金是支持大学生进行创新创业的重要力量。这些基金可以

通过股权投资的方式，为处于种子期、初创期的创业项目提供资金支持。与贷款相比，创业投资虽然对项目的要求更高，但能够为创业者提供更为丰富的资源，如管理经验、人脉网络等。天使投资人也是创业投资的重要组成部分，他们更加关注处于早期的创新项目，可以为创业者提供小额资金支持和指导。

最后，金融机构可以通过与高校合作来共同搭建大学生创新创业平台。例如，银行可以在高校设立创业咨询服务点，为大学生提供创业指导、项目诊断、风险评估等服务。证券公司可以利用自身专业优势，为大学生创业项目提供挂牌、融资、并购等资本市场服务。保险公司则可以开发适合创业企业的保险产品，为其提供风险保障。这些措施不仅能够直接服务于大学生的创新创业实践，还有利于丰富大学生的金融知识和增强大学生的风险意识。

（二）金融机构的合作模式

金融机构是大学生创新创业教育的重要合作伙伴，其合作模式的选择与实施直接影响着创新创业教育的质量和成效。当前，金融机构参与到大学生创新创业教育之中的合作模式主要有以下几种：

1. 项目资助模式

在项目资助模式下，金融机构为大学生创新创业项目提供资金支持，帮助项目团队完成产品研发、市场推广等关键环节。这种直接的资金投入不仅能够缓解创业团队的财务压力，更能激发大学生的创业热情，并鼓励更多学生投身创新创业实践。同时，金融机构专业的风险评估和投资决策，也有助于提高项目的成功率，进而实现社会效益和经济效益的统一。

2. 平台搭建模式

金融机构可以利用自身优势，为大学生创新创业搭建线上线下相结合的服务平台。在线上，金融机构可以开发创业培训课程、项目路演直播、投融资对接等功能，为创业者提供全方位的指导和支持。在线下，金融机构可以联合高校开设创新创业实践基地，定期举办创业大赛、创新论坛等活动，搭建产学研用交流合作的桥梁。平台搭建模式有利于整合多方资源，为大学生创新创业营造良好的生态环境。

3. 产品服务模式

金融机构可以针对大学生创新创业的特点和需求，为大学生设计开发专门的金融产品和服务。例如，针对创业初期的资金需求，推出“创业贷”“天使贷”等无抵押、低息费的信贷产品；针对创业过程中的风险保障，设计“创业保”“众筹保”等保险服务；针对财务管理需求，开发“创企账”“企业财税管家”等财务服务产品。这些差异化的金融产品，能够切实解决大学生在创业过程中“融资难”“融智难”的问题，为大学生的创新创业保驾护航。

4.校企联合模式

金融机构可以与高校开展深度合作，共建大学生创新创业教育的产教融合生态圈。通过设立“校园金融实践基地”、联合开发创新创业教材、共同开展创新创业教学等形式，将金融机构的实战经验与高校的理论教学相结合，来实现教育教学与实践应用的无缝对接。同时，金融机构还可以为高校的创新创业导师提供挂职锻炼、能力培训等机会，提高教师的实践指导能力。校企联合模式有利于实现金融资源与教育资源的优势互补，进而培养出既懂理论又善实践的复合型创新创业人才。

(三)金融机构的风险评估

金融机构作为大学生创新创业教育的重要支持力量，在风险评估方面需要采取科学、审慎的态度。一方面，金融机构要深入地了解大学生创新创业项目的特点和需求，针对不同类型、不同阶段的项目来制定差异化的风险评估标准。例如，对于处于种子期的创新型项目，评估的重点应放在创意的新颖性、可行性以及团队的创新能力上；而对于已进入成长期的创业项目，则需要更加关注其商业模式、市场前景和盈利能力。另一方面，金融机构在风险评估过程中还应注重定性与定量分析的结合。定性分析主要从项目的技术路线、产品特色、市场定位、管理团队等方面入手，评判其发展潜力和风险点。定量分析则运用财务指标、统计模型等工具，对项目的收益率、投资回收期等关键财务数据进行测算和评估。通过定性分析与定量分析的有机结合，金融机构才能全面、客观地判断大学生创新创业项目的风险收益特征，作出理性的投资决策。

金融机构在风险评估中还需要与高校、科研机构等主体加强合作，建立“产学研金”联动的风险评估机制。高校、科研机构对大学生创新创业项目有着更为深入的了解，能够为金融机构提供项目技术、市场等方面的第一手资料，提高风险判断的专业性和准确性。同时，通过与高校、科研机构的紧密协作，金融机构还能及时掌握创新创业教育的最新动态和趋势，动态调整风险评估的思路和方法，提高服务大学生创新创业的能力和水平。

金融机构科学、审慎的风险评估不仅有助于降低自身的投资风险，更能引导大学生创新创业项目规范运作、健康成长。通过构建完善的风险评估体系，金融机构能够甄别出真正具有发展潜力的优质项目，并为其提供精准的金融支持和服务。这不仅能够提升大学生创新创业项目的成功率，也为金融机构开拓了服务实体经济、支持创新驱动发展的新空间。

（四）金融机构的资源配置

金融机构在大学生创新创业教育中发挥着重要作用，其资源配置的科学性和有效性直接影响着创新创业教育的质量。为了更好地支持大学生创新创业，金融机构需要从战略高度审视资源配置问题，优化资源的配置方式，提高资源的利用效率。

首先，金融机构应根据创新创业教育的特点和需求，合理规划资金投入方向。大学生创新创业教育涉及课程建设、师资培养、实践平台搭建等多个方面，需要金融机构提供持续、稳定的资金支持。在资金投入上，金融机构要兼顾长期目标和短期需求，既要保证创新创业教育各环节的基本投入，又要为重点领域、关键环节提供针对性支持。例如，面对当前“双创”教育师资力量薄弱的问题，金融机构可以设立专项资金，将其用于支持高校引进创新创业教育专业人才，提升师资队伍水平。

其次，金融机构要发挥自身专业优势，为大学生创新创业提供全方位的金融服务。在初创阶段，大学生创业团队往往会面临资金短缺、风险管控能力不足等困境。金融机构可以有针对性地设计“投贷联动”等金融产品，为优质创业项目提供债权和股权相结合的融资支持。同时，金融机构还可以整合内外部专业资源，为创业团队提供财务管理、风险控制等方面的培训和咨询，帮助其提升创业能力，规避创业风险。例如，某银行与高校合作，定期举办创业沙龙，邀请成功创业者、投资专家等为大学生创业者传授经验，受到了师生的广泛欢迎。

再次，金融机构要加强与政府、高校、企业等各方的协同，形成支持大学生创新创业的合力。大学生创新创业是一项系统工程，需要社会各界通力合作、资源共享。金融机构要主动对接政府的创新创业扶持政策，争取政策优惠和财政支持。同时，金融机构还要深化与高校的产学研合作，共建大学生创新创业实践基地，开展联合培养和项目孵化。此外，金融机构还应加强与科技型企业、创业服务机构的对接，整合创新创业资源，拓展服务领域和服务方式。例如，某金融机构与知名孵化器达成了战略合作，为入驻的大学生创业项目提供全流程、个性化的金融服务，有力地推动了大学生创业企业的成长。

最后，金融机构要加强对创新创业金融人才的培养和引进，为创新创业教育提供有力的人才支撑。大学生创业具有很强的专业性和创新性，对金融服务人员的素质和能力提出了更高要求。金融机构要加大人才培养力度，有计划地选送业务骨干到高校去学习创新创业管理、参与实践教学，以此来提升其服务创新创业的专业水平。同时，金融机构还要主动引进懂金融、善管理、熟悉创业规律的复合型人才，优化金融服务团队结构。例如，某金融机构成立了专门的创新创业金融事业部，配备了一批既有金融专业背景，又有创业实战经验的业务骨干，形成了一支懂创业、会服务的金融铁军。

二、大学生创新创业教育的企业资源

(一)企业资源的类型

企业作为高校创新创业教育的重要支持力量，在人才、技术、资金、平台等方面都能够提供丰富多样的资源。从企业资源类型来看，主要包括人力资源、技术资源、资金资源和平台资源四大类。

1. 人力资源是企业最宝贵的资源之一

一方面，企业可以选派优秀的管理人员和技术骨干去担任高校创新创业导师，为大学生提供创业指导和实战经验分享，帮助他们提升创业能力。另一方面，企业还可以通过兼职教学、项目合作等方式，让企业员工参与到高校创新创业教育中来，引导学生了解行业前沿动态，培养实践能力。企业丰富的人才储备和实战经验，能够有效弥补高校在创新创业教育方面的不足。

2. 技术资源是企业的核心竞争力所在

一方面，企业掌握着大量先进的生产技术、管理方法和商业模式，这些都是大学生创新创业所需要的关键要素。另一方面，企业还拥有强大的研发实力和成熟的技术转化机制，因此可以为高校创新创业教育提供技术支持，帮助大学生将创意转化为现实。高校与企业开展产学研合作，能够促进科技成果的转化，提升大学生的创新能力。

3. 资金资源是创新创业活动得以持续开展的物质基础

一方面,企业可以设立专项资金,将其用于支持高校创新创业教育,资助优秀创业项目,鼓励大学生勇于创新。另一方面,企业还可以为高校创新创业教育提供风险投资,帮助大学生的创业项目快速成长。高校与企业共同搭建投融资平台,能够拓宽大学生的创业融资渠道,降低创业风险。

4. 平台资源为创新创业活动提供了广阔的舞台

一方面,企业可以为高校创新创业教育提供实习实践基地,让大学生能够在真实的企业环境中学习和成长,积累创业经验。另一方面,企业还可以将自身的销售渠道、客户资源等开放给大学生创业项目,帮助他们开拓市场,实现商业价值。高校与企业共建创新创业孵化器,能够为大学生提供全方位的创业服务,提高创业成功率。

(二)企业资源的获取途径

企业是大学生创新创业教育的重要资源之一,高校应积极探索多元化的企业资源获取途径,构建产学研用协同育人机制。高校可以依托于校友资源,与优秀校友创办的企业建立长期的合作关系。这些企业往往对母校怀有深厚感情,愿意为学生提供实习实训岗位、项目资金支持、创业指导等各方面资源。

高校还可以发挥自身的科研优势和人才优势,主动为企业提供技术咨询、项目研发等服务,与企业建立互利共赢的合作关系。一方面,高校的科研成果和智力资源能够助力企业突破技术瓶颈、提升创新能力;另一方面,企业在合作过程中也会反哺高校教育教学,为创新创业人才培养提供实践平台和资源支持。

在获取企业资源的过程中,高校应注重与行业协会、创业社团等社会组织的合作。这些组织聚集了大量的创新创业资源,构建起了企业、投资机构、创业者之间的交流网络。通过与社会组织开展项目合作、联合举办创新创业赛事等活动,高校能够拓宽资源获取渠道,为学生搭建一个更广阔的成长平台。

(三)企业资源的合作模式

企业资源是高校大学生创新创业教育的重要组成部分,其合作模式的探索和创新对于提升人才培养质量、推动产学研深度融合具有重要意义。当前,高校与企业在创新创业教育领域的合作日益深入，呈现出多样化、个性化、精准化的特点。

从合作内容来看，高校与企业的合作已经突破了传统的实习实践、就业推荐等单一模式，延伸到了课程共建、项目合作、技术转移、创业孵化等更广阔的领域。一方面，企业深度参与高校创新创业教育课程体系的构建，双方共同开发契合市场需求、体现行业特色的课程资源，培养学生的实践能力和创新意识。另一方面，高校与企业围绕前沿技术、产业发展等开展联合攻关，搭建产学研用协同创新平台，引导学生参与到真实的科研项目和生产实践之中，提升其专业素养和就业竞争力。

从合作方式来看，高校与企业的合作更加注重双向互动、资源共享、利益共赢。过去，企业在校企合作中往往处于被动地位，仅仅承担为高校提供实习岗位、捐赠设备等支持性角色。而今，企业成为创新创业教育的核心主体之一，在人才培养方案制定、师资队伍建设、实践条件改善等方面发挥着越来越重要的作用。同时，高校也积极为企业技术创新、管理变革、人才储备等提供智力支持，双方在平等互利的基础上实现优势互补、互惠共赢。

从合作层次来看，高校与企业在国家、区域、行业等不同层面构建起了多元立体的合作网络。在国家层面，高校积极对接“双创”示范基地、重大科技专项等，引导企业参与国家创新驱动发展战略。在区域层面，高校立足于区域经济社会发展需求，与地方骨干企业开展产教融合、协同育人。在行业层面，高校发挥学科专业优势，与行业龙头企业共建特色学院、联合实验室，培养行业发展急需的高素质人才。

三、大学生创新创业教育的社会组织资源

(一)社会组织资源的类型

社会组织资源对于推动大学生创新创业教育的发展具有重要意义。这些资源的类型多样，涵盖了行业协会、慈善基金会、社会服务机构等多个领域，为大学生创新创业提供了有力的支持和帮助。

1.行业协会

行业协会是由相关行业的企业、事业单位等自愿结合而成的非营利性社会组织，在促进行业发展、规范行业行为等方面发挥着重要作用。对于大学生创新创业教育而言，行业协会可以为其提供行业发展趋势、技术标准、市场信息等方面的权威资源，帮助学生了解行业动态，把握创业机遇。同时，行业协会还能够为大学

生创新创业项目提供指导和咨询，组织创业大赛、项目路演等活动，搭建产学研用合作平台，助力大学生创新创业梦想的实现。

2. 慈善基金会

慈善基金会是以从事公益事业为宗旨的非营利性组织，在扶持大学生创新创业方面也有着独特的优势。一方面，慈善基金会可以通过设立专项基金，来为大学生创新创业项目提供资金支持，缓解初创企业的资金压力。另一方面，慈善基金会还可以整合社会资源，为大学生创业者提供创业培训、项目孵化、人才引进等多方面的支持，从而提高其创业能力和创业成功率。此外，参与慈善基金会组织的公益活动，也能够帮助大学生创业者树立社会责任感，提升企业形象和美誉度。

3. 社会服务机构

社会服务机构主要包括科技服务机构、管理咨询机构、人力资源服务机构等，为大学生创新创业提供专业化、个性化的服务。科技服务机构可以为大学生创新创业项目提供技术开发、检测认证、知识产权保护等服务，帮助其提升技术水平和市场竞争力。管理咨询机构能够为大学生创业者提供战略规划、市场营销、财务管理等方面的专业咨询，提高其管理能力和决策水平。人力资源服务机构则可以为初创企业提供人才招聘、培训、派遣等服务，以此来解决其人力资源短缺的问题。

(二)社会组织资源的获取途径

社会组织资源是大学生创新创业教育的重要支撑力量，对于拓展教学渠道、丰富实践内容、提升育人质量具有不可替代的作用。高校应从战略高度认识社会组织参与创新创业教育的价值，积极探索多元化的资源获取途径，形成教育主体与社会力量协同互动的育人新格局。

高校可以通过搭建合作平台来吸引社会组织参与到创新创业教育之中。这需要高校主动对接社会资源，广泛开展政策宣讲、项目推介等活动，增进双方的了解和信任。同时，高校还要完善内部管理机制，简化合作流程，为社会组织进校园、入课堂提供便利条件。例如，高校可以成立专门的校企合作部门，统筹协调创新创业教育资源，为学生搭建与社会组织交流互动的平台。中山大学创业学院就通过举办“创业家讲坛”、项目路演等活动，吸引知名企业家、创投机构、行业协会等参与大学生创新创业指导，取得了良好的效果。

高校还可以发挥学科优势和人才优势，主动承接社会组织的研发项目和人才培养计划。一方面，高校可以利用自身的科研实力和技术优势，为社会组织提供智力支持和成果转化服务，实现产学研深度融合。另一方面，高校可以与社会组织共建创新创业实践基地、联合培养创新创业人才，让学生能够在真实的企业环境和项目情境中锻炼提高。例如，清华大学与多家知名企业共建了“创新创业训练营”，为学生提供为期 3～6 个月的企业实习机会，让他们参与到企业的创新项目中，接受企业导师的指导，极大地提升了大学生的创新创业能力。这种“引进来”和“走出去”相结合的方式，有助于实现高校与社会组织的资源互补和优势互济。

鼓励教师主动对接社会资源，开展横向课题研究，也是获取社会组织支持的有效途径。教师可以发挥自身的专业特长，主动承担社会组织委托的应用研究、技术开发等项目，既服务了社会需求，又拓宽了教学内容，实现了社会服务与人才培养的良性互动。同时，教师通过参与社会实践，能够及时更新知识体系，丰富教学案例，增强教学的针对性和实效性。各高校应进一步完善教师考核评价和激励机制，将横向课题纳入教学工作计量中，调动教师参与社会服务的积极性。

（三）社会组织资源的利用方式

社会组织资源在大学生创新创业教育中发挥着重要作用，其利用方式的优化直接关系到人才培养质量的提升。从宏观层面来看，高校应积极推动与社会组织的战略合作，建立常态化的资源共享机制。通过签订合作协议、成立联合实验室等方式，双方可以在人才培养、课程开发、实习实践等方面开展深度合作，实现优势互补、互利共赢。同时，高校还应主动对接社会组织的需求，根据其发展方向和人才需求来适时调整创新创业教育的培养目标和课程设置，以更好地服务于社会组织的发展。

在教学实践中，高校可以多渠道地引入社会组织资源，丰富创新创业教育的内容和形式。一方面，可以邀请社会组织的优秀人才担任兼职教师或创业导师，为学生传授前沿知识、分享实战经验。这些来自一线的导师能够补充高校教师在实务方面的不足，帮助学生树立对创新创业的现实认知。另一方面，高校可以与社会组织合作开发案例教学资源，将真实的创新创业案例引入课堂教学。通过案例分析和模拟实践，学生能够更直观地理解创新创业的过程和方法，提高解决实际问题的能力。

社会组织资源的利用应注重与学生实践活动的有机结合，高校可以与社会组织共建大学生创新创业实践基地，为学生提供实习实践的平台。在实践基地中，学生可以参与到社会组织的实际工作之中，了解行业发展动态，积累创新创业经验。同时，社会组织也可以通过设置创新创业项目，吸引学生参与其中。学生通过申报、立项、实施、结项等环节，能够掌握创新创业的基本流程和方法，锻炼自己的团队协作、项目管理等关键能力。这种校企协同、产教融合的人才培养模式，有利于提高学生的创新创业素质。

在引入社会组织资源的过程中，高校还应注重对创新创业教育生态的优化。一方面，高校应营造开放包容的环境氛围，鼓励社会组织参与到创新创业教育的各个环节。通过制度创新和机制优化来破除校企合作的体制障碍，为社会组织深度参与创造良好条件。另一方面，高校还应加强创新创业教育的统筹协调，建立社会组织参与的长效机制。成立专门机构来负责统筹对接，完善社会组织参与的激励和评价机制，调动其参与创新创业教育的积极性。

（四）社会组织资源的合作模式

社会组织作为大学生创新创业教育的重要资源，在搭建实践平台、提供专业指导、整合社会资源等方面发挥着不可替代的作用。构建高校与社会组织的合作模式，充分发挥社会组织在大学生创新创业教育中的优势，已经成为推动创新创业教育改革的重要路径。

社会组织参与大学生创新创业教育的合作模式可以分为委托合作、共建合作、嵌入合作等多种形式。委托合作是指高校将创新创业教育的某些环节或项目外包给社会组织，利用其专业优势和资源网络来提供针对性服务。这种模式操作灵活，有利于发挥社会组织的专业特长，但合作的深度和持续性有待加强。共建合作则是指高校与社会组织共同设计教育方案，联合开展人才培养和项目孵化，实现优势互补和资源共享。这种模式有利于构建长效机制，促进校企社协同育人，但需要双方在目标、理念等方面达成高度共识。嵌入合作是一种更为紧密的合作形式，即将社会组织嵌入高校创新创业教育体系，参与教学、实践、管理等各环节工作。通过常态化、制度化的深度合作，社会组织成为创新创业教育的有机组成部分，形成了“校中企”的新型育人模式。

无论采取何种合作模式，高校与社会组织都应该本着互利共赢、协同创新的原则，要在人才培养目标上达成一致，在资源投入上形成合力，在利益分配上坦诚互信。同时，合作过程中还应重视发挥政府的引导和保障作用，通过政策支持、项目资助等方式来优化校企社合作的外部环境。此外，高校还应加强对社会组织的选择和管理，建立科学规范的遴选机制和质量监控体系，促进合作的规范化、专业化发展。

第四章 大学生创新创业教育的校园文化营造

第一节 大学生创新创业教育校园文化活动的设计

一、大学生创新创业教育校园文化活动的设计原则

(一)参与性原则

参与性是创新创业教育校园文化活动设计的重要原则,它强调活动应以学生为中心,充分尊重和发挥学生的主体性。一方面,参与性原则要求活动内容和形式贴近学生实际,使其符合他们的兴趣爱好和认知特点,激发学生的参与热情。另一方面,这一原则也意味着学生应成为活动的主要参与者和组织者,而不仅仅是被动的接受者。教师和学校应为学生提供必要的指导和支持,营造宽松、平等的氛围,鼓励他们积极参与、主动实践。

基于参与性原则来设计创新创业教育校园文化活动,应注重以下几个方面:首先,活动主题应紧扣创新创业,引导学生关注相关前沿动态,了解行业发展趋势。同时,活动内容还应结合学生专业特点和职业发展需求,帮助其将所学知识与创新创业实践相结合。其次,活动形式应丰富多样,包括创业大赛、创新项目孵化、创客论坛、企业参访等,以此来满足学生多元化的参与需求。再次,活动组织应充分发挥学生的主动性和创造性,成立学生活动策划小组,鼓励其参与到活动方案制定、资源协调、过程管理等环节之中。最后,活动评价应重视过程性评价和学生自评,通过学生的活动记录、心得体会等来全面了解其参与状况和收获感悟,并据此来优化活动设计。

参与性原则在创新创业教育校园文化活动中的贯彻,有利于培养学生的创新意识、创业精神和实践能力。通过亲身参与和体验,学生能够更直观地感受创新创业的魅力和挑战,掌握相关的知识技能,提高自身的综合素质。同时,学生在活动中的主动参与和积极互动,也有助于营造良好的创新创业氛围,促进校园创新创业文化的形成和发展。此外,基于参与性原则的活动设计,还能够增强学生的归属感和获得感,提升其对创新创业教育的认同度和参与度,为其成长成才奠定

坚实基础。

(二)创新性原则

创新性是大学生创新创业教育校园文化活动设计的重要原则之一。在新时代背景下,高校培养创新型人才的重任越发紧迫,而校园文化活动作为第二课堂,在激发学生创新意识、培养创新能力方面具有不可替代的作用。因此,在设计创新创业教育校园文化活动时,必须始终坚持创新性原则,以新颖独特的活动形式、丰富多样的活动内容激发学生的创新思维,培养其创新精神。

创新性原则要求校园文化活动在形式上力求新颖独特,突破传统模式的束缚。单一枯燥的讲座、说教式的教育已经难以吸引当代大学生,他们渴望参加互动性强、体验感强的活动。因此,在活动形式的设计上,要善于利用新媒体技术,开展线上线下相结合的活动;要注重情境创设,通过沉浸式体验来激发学生的创新灵感;要鼓励学生参与活动策划,以学生喜闻乐见的方式来组织活动。总之,要通过形式的创新,以"新"的姿态吸引学生眼球,调动其参与热情。

创新性原则要求校园文化活动在内容上富于创造力,体现时代特色。当前,创新创业已经上升为国家战略,成为推动经济社会发展的重要引擎。高校开展创新创业教育,要紧密结合这一时代背景,将最前沿的创新创业理念、最鲜活的创业实践案例融入校园文化活动之中。同时,要关注学生的专业背景和兴趣特点,为学生设计契合其需求的活动内容。比如,可以邀请优秀校友创业者回母校分享创业历程,解析创业过程中的困难和坎坷,启发在校学生的创业思路;又如,可以举办创新创意大赛,搭建可供学生脑洞大开、尽情创想的平台,点燃其创新的火花。活动内容的创造性,能够帮助学生开阔创新视野,了解创新前沿,为其未来投身于创新创业实践奠定认知基础。

创新性原则的落实,还有赖于校园文化活动组织者的创新意识。高校要加强对学生干部、教师的创新素质培训,提升其策划组织创新创业教育活动的能力。要为师生营造宽松自由的氛围,鼓励大胆想象、勇于尝试,允许失败,包容"另类"想法。唯有组织者率先树立创新意识,以身作则、言传身教,方能带动广大学生投身于创新实践,让创新精神成为校园文化的主旋律。

(三)实践性原则

创新创业教育的核心在于培养学生的创新精神和实践能力,而校园文化活动恰恰提供了一个将理论知识转化为实践技能的重要平台。在活动设计过程中，注重实践性不仅有助于深化学生对创新创业知识的理解和内化，更能够锻炼其动手操作、团队协作、项目管理等关键能力，为学生未来的创业实践奠定坚实基础。

为了突出实践性原则，校园文化活动的设计应当紧密结合创新创业教育的内容和要求，为学生提供亲身参与、动手实践的机会。活动形式可以多种多样，如创业项目大赛、创新设计竞赛、创客马拉松等。在这些活动中，学生需要根据所学知识提出创意构想，并通过团队合作来将构想落实为具体的产品或方案。这一过程不仅能够检验学生对理论知识的掌握程度，更能够培养其发现问题、分析问题、解决问题的实践能力。

同时，注重实践性还意味着校园文化活动要与社会实践紧密结合。创新创业离不开对市场需求的敏锐洞察和对社会资源的有效整合。因此，活动设计应当鼓励学生走出校园，深入社区、企业开展调研，了解市场动向，从而获取第一手资料。学校还可以邀请企业家、创业成功者来校举办讲座、分享经验，为学生搭建与业界交流的平台。通过与社会实践的紧密结合，学生能够开阔视野、增长见识，为未来的创业积累宝贵的经验和资源。

此外，实践性原则还对校园文化活动的考核评价提出了更高要求。传统的考核方式往往注重理论知识的考查，难以全面评估学生的实践能力。为了突出实践性，考核评价应当将过程性评价和结果性评价相结合，以此来全面考查学生在活动中的表现。例如，可以设置创新创业学分，根据学生参与活动的情况来进行综合评定；又如，可以将活动成果纳入学生发展档案，将其作为评优评先的重要参考。这种多元化的考核评价方式有利于激发学生的参与热情，引导其在实践中砥砺成长。

（四）持续性原则

持续性原则是大学生创新创业教育校园文化活动设计的重要原则之一，它强调创新创业教育应该贯穿于大学生整个在校学习和生活过程，而不是仅限于某个时间段或某几次活动。只有坚持持续性原则，创新创业教育才能真正地融入校园文化，并成为大学生成长发展的重要组成部分。

创新创业教育的内涵丰富，包括创新精神培养、创业知识学习、创业能力训练等多个方面。这些内容并不是一蹴而就的，而是需要在大学生整个成长过程中循序渐进、持之以恒地推进。因此，在设计创新创业教育校园文化活动时，应该立足长远，统筹规划，将系列化、常态化作为基本要求。例如，可以围绕创新创业设计一系列主题活动，如创新创业讲座、创业计划大赛、创业实践项目等，并将其纳入学校年度校园文化活动计划。同时，还应该注重活动形式的多样性和吸引力，增强大学生的参与热情，提高活动的参与度和影响力。

持续开展创新创业教育校园文化活动，有利于营造良好的创新创业文化氛围。通过持续不断地宣传创新创业理念，展示创新创业成果，大学生能够更加深刻地认识到创新创业的重要意义，树立创新创业意识，激发创新创业热情。良好的创新创业文化氛围不仅能够促进更多的大学生投身于创新创业实践之中，也能够吸引更多社会资源去支持大学生创新创业，形成全员参与、齐抓共管的工作格局。

二、大学生创新创业教育校园文化活动的组织

（一）活动组织架构

大学生创新创业教育校园文化活动的组织架构应建立在合理分工、高效协作的基础之上。为确保活动的成功开展，需要成立由校领导、教师代表和学生代表组成的活动组织委员会，统筹规划、协调各方资源。在委员会的领导下，可设立若干个工作小组，分别负责活动的具体事务。

首先，方案设计组负责活动的总体策划和方案设计。他们需要深入了解学生需求，广泛征集创新创意，并将其转化为切实可行的活动方案。方案设计应突出活动主题，要契合创新创业教育目标，同时还需要兼顾趣味性和参与性，要能够充分调动学生的积极性。

其次，资源保障组负责活动所需物力、财力和人力资源的调配。他们需要与校内外各部门协调沟通，争取场地、设备和资金支持，为活动的顺利开展提供坚实的保障。同时，资源保障组还要组织志愿者队伍，为活动提供必要的服务和帮助。

再次，宣传推广组负责活动的宣传和推广工作。他们要充分利用新媒体平台，通过海报、视频、H5 等多种形式，在全校范围内营造浓厚的创新创业氛围。此外，宣传推广组还要与校外媒体保持良好沟通，扩大活动的社会影响力，为学生创新创业项目赢得更多的关注和支持。

最后，效果评估组负责对活动的监督和效果评估。他们要全程参与活动，及时发现和解决问题，确保活动质量。活动结束后，效果评估组要认真总结经验教训，收集师生反馈，形成评估报告，为后续活动的优化完善提供参考。

（二）活动实施流程

大学生创新创业教育校园文化活动实施流程是将创新创业教育与校园文化活动进行有机融合的关键环节。科学、合理的实施流程能够确保活动的有序开展，充分发挥创新创业教育的育人功能。构建系统化的实施流程，需要从活动策划、组织实施、过程管理、评估反馈等环节入手，形成闭环管理，持续优化活动质量。

1.活动策划是实施流程的首要环节

在策划阶段，组织者需要明确活动目标，即通过校园文化活动达成创新创业教育的哪些具体目标。同时，要根据目标受众的特点，合理设计活动主题、形式、内容等要素，力求达到寓教于乐、启发创新的效果。策划还需要周密地考虑活动所需的场地、设备、经费等资源，提前做好各项准备工作。

2.组织实施是将活动方案付诸行动的关键阶段

在实施过程中，要严格按照活动方案组织各项环节，合理调配人力、物力资源，确保活动能够顺利推进。同时，要重视现场管理，及时应对可能出现的突发情况，维护活动秩序。组织者还需要注重营造良好氛围，激发参与者的热情和创造力，引导其积极投入创新创业实践中。

3.过程管理贯穿活动实施的全过程

在实施过程中，管理者需要密切关注活动进展，实时掌握各环节的执行情况。针对活动中出现的问题，要及时分析原因，采取有效措施来加以解决，确保活动质量。过程管理还包括资源调配、人员协调、风险防控等方面，需要管理者具备较强的组织协调能力和应变能力。

（三）活动资源配置

活动资源配置是保障大学生创新创业教育校园文化活动有序、高效开展的关键。有针对性、合理性地调配人力、物力、财力等资源，能够为活动的组织实施提供坚实基础。从人力资源层面来看，学校应建立一支专兼结合、结构合理的创新创业教育师资队伍。一方面，要加强专职教师的引进和培养，通过招聘、培训等途径，提升教师的理论水平和实践能力；另一方面，要充分利用校内外优质资源，聘请企业家、创业成功者等来担任兼职导师，为学生提供全方位、多层次的指导服务。同时，还要重视发挥学生骨干的示范引领作用，培养一批创新创业意识强、组织协调能力突出的学生骨干，使其成为活动开展的中坚力量。

从物力资源层面来看，学校应加大对创新创业教育的硬件投入，为校园文化活动搭建一个良好的物质平台。这包括建设创新创业实践基地，配备先进的仪器设备；建立创业孵化园区，为学生提供低成本、便利化的创业空间；完善信息化建设，搭建线上线下相结合的资源共享与交流平台等。与此同时，学校还应注重优化资源配置，避免重复建设和资源浪费。可以根据活动的类型、规模、目标受众等因素，灵活调配场地、设备等资源，进而实现资源的集约高效利用。

从财力资源层面来看，活动经费是开展创新创业教育校园文化活动的重要保障。学校应建立完善的经费保障机制，将活动经费纳入学校预算，并设立专项资金用于支持创新创业教育。同时，学校还可以拓宽经费筹集渠道，积极争取政府、企业、社会组织等多方支持，建立校地、校企、校社合作机制，吸引社会资本参与创新创业教育。在经费使用上，学校应加强监管，建立健全经费使用规章制度，明确资金的使用范围和使用标准，确保经费使用的规范、安全、有效。

三、大学生创新创业教育校园文化活动的管理

（一）管理机制

大学生创新创业教育校园文化活动管理机制的建立和完善，是保障活动有序开展、实现预期目标的重要基础。科学、规范、高效的管理机制能够为创新创业教育活动提供制度保障，规范活动流程，优化资源配置，提升管理水平，从而最大限度地发挥出校园文化活动在创新创业教育中的独特作用。

1.建立健全规章制度体系

校园文化活动的制度体系应涵盖活动方案审批、过程监管、绩效评估等各个环节，要明确界定各部门、各岗位的职责权限，规范工作流程和标准，确保活动各环节衔接顺畅、执行到位。同时，制度体系还应体现出一定的弹性和包容性，为活动的创新发展留出空间。僵化、过于刚性的管理制度只会扼杀学生的创造力，削弱活动的生命力。

2.重视体制机制创新

传统的管理模式往往以行政化、官僚化为特征,强调自上而下的控制和管理,忽视了学生主体的能动性和创造力。而创新创业教育校园文化活动管理应树立服务理念,尊重学生的主体地位,加强政校企社会各界的协同配合,建立多元主体参与、共建共享的体制机制。通过体制机制的变革创新来激发各方参与的内生动力,汇聚育人合力。

3.科学地组织实施

组织实施应坚持目标导向,围绕人才培养目标,统筹规划、系统设计,将创新创业教育内化为校园文化活动的核心要义。在实施过程中,管理者应加强过程管控,及时收集反馈信息,发现并解决问题,保障活动能够平稳有序地开展。组织实施还应注重队伍建设,加大对管理人员和指导教师的培训力度,提高其业务能力和管理水平。只有打造一支政治过硬、业务精湛的工作队伍,管理机制才能真正落到实处。

4.科学地评价考核

传统的考核评价往往侧重于结果导向,而忽视了过程管理,使考核流于形式。而创新创业教育校园文化活动的评价考核应突出发展性、导向性,将“过程”和“结果”相结合,注重对学生创新意识、创业能力的提升以及活动的影响力、辐射力。考核指标应全面系统,涵盖活动组织实施、学生参与度、项目孵化成果、师生获得感等多个维度。通过科学的考核评价,以此来有效激励先进典型,树立示范标杆,形成比学赶超、奋发有为的生动局面。

(二)资源配置

1.物质资源配置

从物质资源层面来看,学校应该为创新创业文化活动提供必要的场地、设备和资金保障。合适的活动场所能够营造良好的氛围,先进的仪器设备有助于提升活动的科技含量和吸引力,充裕的资金投入则是活动持续开展的物质基础。学校可以通过整合现有资源、建立创新创业教育专项基金等措施,为活动的顺利实施提供坚实保障。

2. 人力资源配置

一支高素质的创新创业教育师资队伍是活动成功的关键。学校应该通过引进和培养相结合的方式，打造一支理论功底扎实、实践经验丰富、创新意识强的师资团队。同时，还应注重发挥学生骨干的示范引领作用，选拔优秀学生来担任活动的组织者和引导者，发挥他们的创意和活力。学校还可以聘请企业家、创业成功者等校外专家参与指导，为活动注入新鲜血液。

3. 信息资源配置

信息资源在当前大学生创新创业教育中发挥着越来越重要的作用，学校应该积极构建创新创业资源信息库，将政策文件、项目指南、成果展示等内容进行系统整合归纳，方便师生查询使用。建立创新创业教育网络平台，开设在线课程、远程指导、经验交流等栏目，拓展活动的时空边界。引导学生利用互联网来获取前沿资讯、对接社会资源，为创新创业实践赋能。

（三）持续改进

在大学生创新创业教育校园文化活动的设计与实施过程中，持续改进是保障活动质量和效果的关键。持续改进意味着不断反思、评估和优化活动方案，使其能够更加符合学生需求、契合教育目标，从而最大限度地发挥创新创业教育的育人功能。

1. 持续改进需要建立在科学的评估机制之上

评估不仅要关注活动的直接效果，如参与人数、满意度等，更要深入地分析活动对学生创新创业意识、能力的影响。这就需要构建多维度的评估指标体系，综合运用问卷调查、访谈、跟踪研究等方法，全面收集定量和定性的数据。通过系统的数据分析，可以准确发现活动方案的优势和不足，从而为持续改进提供依据。

2. 持续改进要注重吸收多方反馈

学生作为活动的主体，其意见和建议最具有参考价值。教师、行业专家、企业导师等利益相关方的视角，也有助于对活动方案的完善。因此，在活动实施各环节，都应主动征求并认真对待各方反馈，将其作为优化活动设计的重要输入。这种开放、包容的姿态，不仅能提升活动的针对性和有效性，也能增强各方的参与感和认同感。

3.持续改进的关键在于将评估结果转化为优化举措

针对诊断出的问题，要及时制订并改进计划，调整活动主题、形式、资源配置等，着力增强活动的吸引力、互动性和挑战性。同时，持续改进也要求勇于创新，引入前沿理念和技术手段，不断探索创新创业教育校园文化活动的新模式、新路径。唯有善于学习、勇于变革，才能使活动形式更加新颖多元，内容更加丰富多彩，效果更加卓越显著。

4.持续改进需要完善制度保障和资源支持

建立健全活动管理制度，明确质量标准和责任主体，强化全过程监管和绩效评价，可以为持续改进提供制度动力。加大人力、物力、财力等资源投入，优化场地、设备等硬件条件，完善专家、项目等软件支持，则能为活动优化创新提供坚实基础。只有制度和资源形成了合力，持续改进的理念才能真正地落到实处。

第二节　大学生创新创业文化的传播途径

一、大学生校园创新创业竞赛的组织与实施

（一）竞赛项目选择

大学生创新创业竞赛的成功开展，离不开科学、合理的竞赛项目选择。竞赛项目是竞赛活动的核心和基础，它直接决定了竞赛的质量和水平，影响着参赛学生的积极性和创造力的发挥。因此，高校在组织大学生创新创业竞赛时，必须高度重视对竞赛项目的选择，制定严谨、完善的选题标准和机制，确保竞赛项目的先进性、科学性和可行性。

从项目的创新性来看，大学生创新创业竞赛应该选择具有前瞻性和探索性的课题，鼓励学生开展原创性研究。这些项目可以来源于学科前沿的理论问题，也可以来源于在现实生活中亟待解决的实践难题。无论是哪一类项目，都应体现出较高的学术价值和应用价值，要能够引领学生探索未知领域，拓展知识边界。同时，创新性项目的设置还应考虑项目与学生已有知识基础的衔接，难度适中，既要

能够激发学生的好奇心和挑战欲，又不能完全脱离学生的认知水平而让其望而却步。

从项目的科学性来看，大学生创新创业竞赛的选题应符合科学研究的一般规律和方法。每个项目都应有明确的研究目标，可以提出具体的科学问题或假设，并能运用科学的研究方法和手段去求证、检验。竞赛组织者应引导学生遵循科研的基本逻辑，从项目立项、方案设计、实验研究、数据分析到结论推理，每个环节都应严谨缜密，经得起推敲。同时，项目选择还应体现学科交叉融合的特点，鼓励学生跨学科、跨领域开展研究，综合运用不同学科的理论知识和研究方法，提出新颖独特的解决方案，培养学生的系统思维和创新能力。

从项目的可行性来看，大学生创新创业竞赛选题应充分考虑各种资源条件的约束。一方面，项目难度应与学生知识能力相匹配，研究目标应切合实际，研究方案应具有可操作性，要避免好高骛远、脱离实际。另一方面，项目实施应考虑学校的软硬件条件，如实验设备、经费支持、指导教师等，确保项目能够顺利开展。同时，项目完成周期也应进行合理设置，既要给学生留出充足的研究时间，又要避免其过于冗长而影响学生正常的学习生活。竞赛组织者应做好对项目的过程管理和质量监控，为参赛学生提供必要的指导和帮助。

（二）竞赛规则制定

竞赛规则制定是在大学生创新创业竞赛组织与实施过程中的关键环节之一。科学、合理、公平的竞赛规则是保证竞赛活动有序开展、鼓励学生积极参与、激发学生创新创业潜能的重要基础。竞赛规则制定需要考虑竞赛主题、参赛对象、评审标准等多方面因素，应力求体现竞赛的导向性、激励性和规范性。

1.竞赛主题

主题的选择应紧密结合国家创新驱动发展战略和高校人才培养目标，聚焦经济社会发展的重大需求和前沿科技领域，要具有前瞻性和现实针对性。同时，主题设置还应充分考虑到不同学科专业的特点和学生的认知水平，确保竞赛内容的广泛性和适切性。围绕竞赛主题，规则应明确竞赛的具体内容、形式、要求等，为参赛学生提供清晰的指引。

2.参赛对象

大学生创新创业竞赛通常面向全体在校学生开放，但不同学科背景、年级层次的学生在知识储备、创新能力等方面会存在差异。为了鼓励更多学生参与，激发不同层次学生的创新创业潜力，竞赛规则可以设置不同的参赛组别，如专业组、跨专业组、低年级组、高年级组等。同时，要针对参赛团队的人数、角色分工等作出具体规定，从而引导学生在竞赛中加强团队协作，发挥集体智慧。

（三）竞赛评审标准

创新创业竞赛评审标准的设置直接关系到竞赛的公平性、科学性和导向性，是保证竞赛质量和实现竞赛目标的关键环节。设计科学合理的评审标准，不仅能够为参赛选手提供明确的方向指引，激励其在项目研究和创新实践中付出更多努力，也有助于评审专家全面、客观地评估参赛作品，从而选拔出真正优秀的创新创业项目。

评审标准的制定应坚持以创新为导向，要充分体现创新创业教育的内涵和要求。创新是创业的灵魂和生命线，也是大学生创新创业能力培养的核心目标。因此，评审标准应重点考查参赛项目的创新性，包括创意的独特性、技术的先进性、产品的差异化等方面。大学生只有打破常规思维，勇于探索创新，才能不断推动科技的进步和经济社会的发展。同时，评审标准还应重视项目的可行性和应用价值，既要考查创意的新颖性，又要评估其转化为现实生产力的潜力。

在具体设置上，评审标准可分为创新性、可行性、市场前景、团队实力等多个维度。创新性主要考察项目的独创性、先进性和颠覆性，以及项目对行业发展的推动作用；可行性主要评估项目实施的技术路线、资源条件以及风险管控能力；市场前景主要衡量项目的市场定位、目标客户、竞争优势以及盈利模式；团队实力主要考察参赛团队的人员构成、专业背景、分工协作以及执行力。通过构建多维度、立体化的评审标准体系，可以更加全面、准确地评判参赛项目的创新水平和发展潜力。

评审标准的制定应体现出开放包容、鼓励创新的价值导向。对于创新创业项目而言，失败和挫折在所难免，评审不应苛求项目的完美无缺，而应着眼于其对于创新的尝试与努力。同时，针对不同学科专业的特点，评审标准还应有所侧重和区分。例如，理工类项目可重点考察技术创新，人文社科类项目可侧重考察模式创新，艺术类项目可突出创意创新。这样既尊重了不同学科的特色，又为参赛选手提供了一个公平竞争的舞台。

在评审实施中，应注重评审流程的规范性和评审方法的多样性。通过构建规范的评审流程，明确各环节的要求和标准，引入多轮评审、答辩质询、现场路演等多种评审方式，可以更加立体、动态地考察参赛项目，提高评审的科学性和准确性。同时，邀请不同专业领域、不同机构背景的专家参与评审，有助于集思广益、优势互补，可以确保评审视角的广泛性和评价结果的专业性。

（四）竞赛结果推广

竞赛结果推广是大学生创新创业竞赛的重要环节，也是实现竞赛价值最大化的关键所在。推广竞赛结果不仅能够展示参赛学生的创新成果，激发更多学生的创业热情，还能够促进校企合作，推动科技成果的转化，为高校创新创业教育注入新的活力。

竞赛结果推广应当立足高校，面向社会，采取多种方式、多种渠道来进行。在校内，可以通过校园网、微信公众号、宣传栏等平台，及时发布竞赛获奖情况，展示优秀作品，营造浓厚的创新创业氛围。获奖学生还可以走上讲台，为低年级学生讲述自己的创业历程，分享自己的成功经验，发挥榜样示范作用。与此同时，高校还应积极组织竞赛成果展、创业项目路演等活动，为获奖项目搭建展示平台，吸引更多师生关注和参与创新创业实践。

竞赛结果推广应着眼于产学研合作，要加强与政府、企业、科研机构等各方的沟通对接。优秀竞赛项目可以推荐给创业园区、孵化器，为其提供场地、资金、政策等方面的支持，帮助项目实现落地转化。同时，可以鼓励获奖学生参加各类创新创业大赛、展览会，提高项目的知名度和影响力，争取更多的社会资源。高校还可以发挥自身的科研优势，为获奖项目提供技术指导和专家咨询，推动其不断进行优化完善。

竞赛结果推广应注重宣传报道的策划和创新。一方面，要充分利用各类媒体资源，如电视、报纸、网络等，全方位、多角度地宣传报道优秀竞赛项目，提高社会各界对大学生创新创业的认知度。另一方面，要创新宣传报道的内容和形式，突出亮点特色，讲好创业故事，用生动鲜活的案例来吸引受众，传递正能量。宣传报道还应关注竞赛项目的后续发展，持续跟踪项目的成长历程，展现创业团队的奋斗精神，彰显创新创业教育的丰硕成果。

二、大学生创新创业讲座与论坛的策划

（一）讲座主题选择

资源整合是大学生创新创业教育得以有效实施的关键，只有充分调动和利用

各种教育资源，才能为大学生提供全方位的创新创业支持。在资源整合过程中，需要运用科学的工具和方法，来提高整合的针对性和实效性。

1.信息化时代为资源整合提供了强大的技术支撑

计算机和互联网技术的广泛应用，使得海量信息和资源能够便捷地实现共享和交互。大学可以通过建立创新创业教育资源库，将校内外的师资力量、场地设施、实践项目、政策文件等进行系统地整理和分类，形成结构化、可检索的资源体系。师生可以通过网络平台来随时查阅所需资源，实现资源的高效配置和精准匹配。大数据技术则为资源整合提供了新的思路。通过收集、分析师生在教学、实践、创业等环节产生的各类数据，可以深入地洞察资源需求和利用状况，找出在资源配置中的不足和问题，为后续的整合优化提供决策依据。例如，对学生创业项目的动态跟踪分析，有助于发现热点领域和潜力项目，进而有针对性地投入指导资源。

2.构建资源整合的协同机制是提升整合实效的重要途径

创新创业教育是一项系统工程，涉及教务、学工、科研、财务等多个部门，需要建立健全的沟通协调机制，形成工作合力。可以成立由分管领导牵头、各部门负责人参与的资源整合领导小组，统筹协调资源开发、共享、管理等事务。领导小组下设联络员，负责日常的对接和服务工作。同时，要制定科学的绩效考核和激励机制，调动各方参与到资源整合的过程中的积极性。

3.流程再造是优化资源配置、提高整合效率的有效工具

传统的资源管理流程往往存在环节多、时间长、效率低的问题，难以适应创新创业教育的时效性要求。因此，亟须对原有流程进行系统梳理和再造，打破部门藩篱，精简办事程序，构建扁平化、一站式的服务模式。可以运用信息化手段，开发线上审批、预约、反馈等功能，实现资源需求和供给的无缝对接。同时，要建立灵活的资源调配机制，根据创新创业项目的不同需求，及时优化资源配置，以“菜单式”的形式为师生提供个性化的资源组合。

(二)讲座嘉宾邀请

大学生创新创业讲座嘉宾的邀请是策划和举办成功讲座的关键环节之一。选择合适的嘉宾不仅能够提升讲座的专业性和权威性，更能吸引更多学生的参

与，从而激发他们的创新创业热情。在选择讲座嘉宾时，应该充分考虑以下几个方面：

1.嘉宾应具备丰富的创新创业实践经验

嘉宾应当是成功的企业家、创业导师，或者是在创新创业领域取得过突出成就的专家学者。这些嘉宾不仅掌握了创新创业的理论知识，更重要的是他们曾经亲身经历了创业的艰辛和挫折，积累了宝贵的实战经验。他们的分享能让学生真切地感受到创业的挑战和机遇，帮助学生树立正确的创业观和就业观。

2.嘉宾应具有较强的语言表达和沟通能力

优秀的讲座嘉宾不仅要有渊博的知识和丰富的经验，还要能够用生动、幽默、感染力强的语言将其传递给学生。他们善于运用故事、案例、互动等多种表现形式，以此来调动学生的积极性，进而引发学生的共鸣和思考。这就要求我们在邀请嘉宾时，不仅要考察其专业背景和创业履历，还要通过面谈、试讲等方式来综合评估其表达和沟通的技巧。

3.嘉宾的选择应该体现多元化和针对性

创新创业涵盖了众多领域，如科技创新、社会企业、文化创意等。针对不同专业、不同兴趣的学生群体，学校应该邀请不同领域的创业先锋和行业翘楚。比如，针对理工科学生，可以邀请科技创业领域的成功人士；针对人文社科学生，可以邀请文创产业、社会创新方面的杰出代表。同时，学校还要关注学生的创业诉求和知识需求，有针对性地邀请嘉宾。这就需要学校在前期做好学生调研，深入了解学生的创业想法和困惑，进而扩展相应的邀请范围。

4.高校应注重校友资源的开发和利用

众多高校的杰出校友往往活跃在创新创业的各条战线上，在行业内部甚至社会上都具有一定的影响力。邀请这些优秀校友返校举办讲座，不仅能够提升讲座的吸引力，增强在校学生的自豪感和认同感，更能促进校友与母校的情感联络，为在校学生提供更多的创业资源和机会。校友讲座还能起到很好的示范引领作用，让在校学生直观地感受到学长学姐们的奋斗历程和成长轨迹，从而坚定自己的创业信念。

（三）论坛议程安排

大学生创新创业论坛是高校培养学生创新创业能力的重要平台，其议程安排直接影响着论坛的质量和效果。科学、合理地设计论坛议程，对于凝聚创新创业资源、激发学生创新创业热情、提升学生的创新创业能力具有重要意义。

一个高质量的创新创业论坛议程，应该包含主题报告、专题讨论、项目路演、经验分享等多个环节。在主题报告环节，主办方可以邀请知名创业者、投资人、专家学者等，就创新创业的前沿动态、发展趋势、实践经验等内容来进行主旨演讲。这不仅能够开阔学生的视野，更能为他们提供宝贵的创业指导和启示。在专题讨论环节，则可以围绕创业团队组建、商业模式设计、产品研发迭代、市场营销策略等话题来展开深入的研讨。通过小组讨论、头脑风暴等互动形式，学生能够碰撞思想火花，启发创意灵感，增强自身的创新意识和团队协作能力。

项目路演是在创新创业论坛中不可或缺的一部分，在这一环节，学生团队可以向投资人、企业家等展示自己的创业项目，进行现场答辩和交流。通过项目路演，学生不仅能够检验自己的创业构想，获得专业点评和建议，更有机会获得天使投资，推动项目落地实施。同时，论坛还应设置经验分享环节，邀请往届优秀创业团队代表介绍他们的创业历程、分享成功经验。学生可以从前辈的创业故事中汲取营养，吸取教训，少走弯路。

此外，议程设计还要考虑到时间安排的合理性、环节衔接的流畅性。一般来说，为期两天到三天的论坛较为适宜。在具体时间分配上，要兼顾主题报告的深度、专题讨论的广度、项目路演的数量等因素，避免出现时间冲突或安排过于紧凑的情况。同时，要注重各环节之间的逻辑关联和过渡，使论坛议程能够呈现出整体性和连贯性的特点。

创新创业论坛作为连接高校与社会资源的桥梁，其议程安排应与时俱进，紧跟创新创业教育发展的新形势、新要求。例如，随着“互联网＋”、人工智能、大数据等新技术的兴起，论坛可以设置相关主题，探讨技术创新驱动下的创业新模式、新业态。又如，在“双创”上升为国家战略的背景下，论坛可以邀请政策制定者解读相关政策，为学生创业提供政策指引和服务支持。同时，议程设计还要体现学校办学特色和学科优势。例如，理工科院校可以侧重探讨科技成果转化和产学研合作，艺术院校则可以关注文创产业和美术设计领域的创业机会。

(四)讲座与论坛宣传

大学生创新创业讲座和论坛是培养大学生创新创业能力、营造创新创业氛围的重要平台。然而,良好的讲座和论坛效果离不开有效的宣传。只有通过精心策划、多渠道推广,才能吸引更多学生参与其中,使学生共享创新创业的智慧和经验。

宣传的首要任务是明确讲座与论坛的主题和亮点,组织者需要深入了解学生的需求和兴趣点,选择能够引起共鸣、激发思考的主题。比如,针对热点行业和技术趋势举办专题讲座,邀请创业成功人士分享经验,或者组织创新创业案例研讨会等。主题确定后,要提炼出简洁明了、吸引眼球的宣传标语,突出讲座和论坛的特色与价值。

在宣传渠道的选择上,要因地制宜、多管齐下。传统的海报、传单、校园广播等方式虽然直观有效,但覆盖面有限。随着新媒体的发展,微信公众号、官方微博、短视频平台等已经成为大学生获取信息的主要途径。组织者应充分利用这些新媒体平台,制作精美的电子海报,发布讲座预告和花絮,吸引学生关注和转发。同时,还可以与学生社团、学生会等组织进行合作,借助他们的影响力来扩大宣传范围。

在宣传内容的设计上,要突出讲座嘉宾的权威性和吸引力。一方面,要详细介绍嘉宾的背景和成就,展示其在创新创业领域的影响力;另一方面,要通过嘉宾访谈、名言荟萃等方式,展现其鲜活的个人魅力,激发学生的向往和崇拜之情。此外,在宣传中还可穿插创新创业知识竞赛、抽奖等互动环节,调动学生参与的积极性。

讲座与论坛当天的现场宣传也不可忽视。除了醒目的会场布置外,还可以安排学生志愿者在校园的主要路口引导、派发资料,营造“万人空巷”的热烈氛围。现场的签到、抽奖等互动环节也是宣传的良机,可以让参与者切身感受到讲座与论坛的独特魅力。

讲座和论坛结束后,及时总结和传播现场精彩内容也是宣传的重要一环。可以制作现场花絮视频在校园网络平台循环播放,筛选嘉宾金句来制作海报并在校园主要场所进行张贴,撰写心得体会在校报、公众号上发表。让创新创业的火种在校园持续传播,感染和激励更多学生投身其中。

三、大学生创新创业社团活动的开展

(一)社团活动类型

大学生创新创业社团活动是培养大学生创新创业能力、营造校园创新创业文化的重要载体。社团活动类型的多样性和针对性,直接影响着创新创业教育的质量和成效。因此,高校应根据创新创业教育的目标和学生的实际需求,科学设计社团活动类型,充分发挥社团在创新创业人才培养中的独特作用。

从培养创新思维和创业意识的角度来看,探索性和启发性的社团活动至关重要。这类活动要鼓励学生打破思维定式,勇于质疑和尝试,要求学生在实践中发现问题、解决问题。例如,通过举办创意大赛、创新设计竞赛等,来激发学生的创造灵感,锻炼其敏锐的洞察力和独立思考能力。又如,邀请创业成功人士举办讲座,分享他们的创业历程和经验教训,从而帮助学生树立创业意识,了解创业的艰辛和挑战。这些活动不仅能够开阔学生视野,更能引导其形成积极进取、敢为人先的创新创业品质。

从提升创新创业实践能力的角度来看,操作性和体验性的社团活动不可或缺。这类活动要为学生提供动手实践、亲身体验的机会,将创新创业理论与实际应用相结合。例如,开展创业项目孵化、创新产品研发等活动,为学生搭建从概念到落地的完整平台,锻炼其策划、组织、执行等实践能力。又如,组织创业沙盘模拟、情景模拟等体验式活动,让学生身临其境地感受创业的过程,积累宝贵的经验教训。这些活动不仅能够提高学生的动手能力,更能增强其风险意识和应变能力,为学生未来的创新创业实践奠定坚实基础。

从促进创新创业资源整合的角度来看,开放性和互动性的社团活动必不可少。这类活动要打破学科、专业的界限,鼓励不同背景的学生进行交流协作,实现优势互补、资源共享。例如,举办跨学科、跨领域的创新创业沙龙,为学生提供思维碰撞、互相启发的平台,激发创新灵感,催生新颖创意。又如,开展创业团队组建、创新项目合作等活动,引导学生发挥各自所长,在协同合作中提升创新创业能力。这些活动不仅能够拓宽学生的知识视野,更能培养其团队协作、沟通交流等不可或缺的创新创业软实力。

高校还应注重社团活动的针对性和实效性,根据不同学生群体的特点和需求,有的放矢地开展创新创业教育。例如,面向低年级学生,可侧重开展创新思维训练、创业意识培养等启蒙性活动；面向高年级学生，可侧重开展创业项目孵化、创新成果转化等实践性活动。同时，高校还要加强对社团活动的指导和评估，建立科学的评价体系，及时总结经验，改进不足，从而保障创新创业教育的针对性和实效性。

（二）社团活动组织

社团活动是大学生创新创业文化传播的重要载体，在营造浓厚的创新创业氛围、激发大学生创新创业热情方面发挥着不可替代的作用。高校要充分发挥社团活动的独特优势，从组织形式、活动内容、资源保障等方面入手，精心设计和组织各类创新创业社团活动，为大学生搭建一个施展才华、锻炼能力的广阔平台。

1.组织形式

从组织形式上看，创新创业社团活动应注重多样性和互动性。单一、枯燥的活动形式难以吸引大学生的广泛参与，也无法有效调动其积极性和创造力。社团可以根据自身特点和学生需求，开展形式多样、内容丰富的主题活动，如创业项目路演、创新设计大赛、创客沙龙、实践训练营等。这些活动不仅能够满足大学生探索未知、挑战自我的需求，更能通过互动交流、头脑风暴等方式，激发他们的创新灵感，培养他们的团队协作精神。同时，社团还可以走出校园，与企业、科研机构等开展联合活动，让大学生近距离接触行业前沿，开阔创新创业视野。

2.活动内容

从活动内容上看，创新创业社团活动应聚焦于对学生核心素养的培育上。创新创业不仅需要专业知识和实践技能，更需要批判性思维、问题解决、沟通表达等关键能力。因此，社团活动的设计应以能力培养为导向，通过项目实践、案例分析、小组讨论等方式，来引导大学生运用所学知识分析和解决实际问题，提升其创新创业素养。例如，社团可以围绕特定主题组织创新项目攻关，鼓励学生自主选题、开展调研，撰写项目计划书和可行性分析报告。在项目实施过程中，学生不仅能够深化对专业知识的理解和提升运用能力，还能通过与他人协作、对外展示等方式来锻炼组织协调、语言表达等综合能力。

(三)社团活动资源

1. 高校应当为学生创新创业社团提供必要的资金支持

创新创业活动往往需要购置设备、器材,开展市场调研,举办培训讲座等,这些都离不开一定的资金投入。学校可以设立专项基金,用于资助优秀的创新创业社团项目,激励更多学生投身创新创业实践之中去。同时,学校还可以拓宽社团经费来源渠道,鼓励社团通过校企合作、承接项目等方式获取资金支持。

2. 高校应当为创新创业社团搭建交流合作的平台

创新创业是一项系统工程,需要不同学科背景、不同专业特长的学生通力合作。学校可以定期举办创新创业社团联合会议、项目交流会,为社团之间的沟通对话提供便利。针对跨学科、跨专业的创新创业项目,学校还可以成立导师团队,为社团提供全方位的指导。此外,学校还应积极搭建校企、校地的合作桥梁,邀请企业家、创业成功者来校交流,为社团提供实践锻炼机会。

3. 高校应当营造良好的创新创业文化氛围

创新创业社团的生命力在于不断涌现新思路、新点子,这需要学校营造鼓励创新、包容失败的文化环境。一方面,学校可以通过举办"互联网+"大学生创新创业大赛、创新创业训练营等活动,激发学生的创新热情;另一方面,学校应当完善创新创业教育课程体系,帮助学生掌握创新创业所需的理论知识和实践技能。同时,学校还应加强创新创业典型的培育和宣传,发挥榜样的示范引领作用,让更多学生能够看到创新创业的无限可能。

(四)社团活动评估

在大学生创新创业教育的背景下,社团活动作为校园文化建设的重要载体,对于营造良好的创新创业文化氛围、培养大学生的创新精神和实践能力具有重要意义。然而,当前大学生社团活动在促进创新创业教育方面还存在着一些不足,亟须加强科学评估和规范管理,切实发挥社团活动在创新创业教育中的独特作用。

从促进大学生创新思维培养的角度来看,科学评估社团活动至关重要。创新思维是大学生进行创新创业实践的基础，而社团活动恰恰为培养创新思维提供了广阔的平台。通过参加各类社团活动，大学生能够接触到不同领域的知识，开阔学术视野，激发创新灵感。但是，并非所有的社团活动都能够有效促进创新思维的形成。一些社团活动内容单一、形式僵化，缺乏创新元素，难以调动学生的积极性和创造性。因此，高校应建立科学的评估机制，对社团活动的内容、形式、效果等进行全面评估，鼓励和支持富有创意、有利于创新思维培养的优秀社团活动，促进社团活动的创新发展。

从提升大学生创业实践能力的角度来看，规范管理社团活动势在必行。创业实践能力是大学生将创新思想付诸行动、成功创办企业的关键所在。而社团活动为大学生提供了宝贵的实践机会，使其在项目策划、团队管理、市场营销等方面能够得到锻炼。然而，一些社团活动存在管理不规范、资源浪费等问题，不仅影响了社团活动的质量，也制约了学生创业实践能力的提升。对此，高校应加强对社团活动的规范管理，建立健全相关制度，明确社团的权责，规范社团的运作流程，提高社团活动的效率和效果。同时，高校还应加大对优秀社团的支持力度，在场地、经费、指导等方面对其给予保障，为社团活动的有序开展提供良好的环境。

从营造创新创业文化氛围的角度来看，评估社团活动不可或缺。浓厚的创新创业文化氛围是激发大学生创新创业热情、塑造创新创业人格的重要土壤。而社团活动作为校园文化建设的重要方面，在营造创新创业文化氛围中发挥着不可替代的作用。通过组织创新创业主题社团活动，宣传创新创业典型事迹，营造崇尚创新、鼓励创业的校园文化，可以潜移默化地影响大学生的价值观念和行为方式。但是，当前的一些社团活动存在着与创新创业文化氛围营造不契合、脱离学生需求等问题，难以真正激发学生的创新创业热情。为此，高校应秉持文化育人理念，加强对社团活动的文化引领，通过评估机制来鼓励体现创新创业精神、彰显时代特色的社团文化活动，充分发挥社团活动在创新创业文化建设中的积极作用。

四、大学生校园创新创业节的策划与执行

(一)创新创业节主题

创新创业节的主题设置对大学生创新创业文化的引领和塑造具有重要意义。一个恰当的创新创业节主题能够凝聚人心，点燃激情，引导大学生将创新创业理念内化为自觉追求。它不仅能够营造浓厚的创新创业文化氛围，激发大学生的创

业热情，更能引导大学生树立正确的创业观念，培养其家国情怀和社会责任感。

其一，创新创业节主题的设置应紧扣时代发展脉搏，要体现高校人才培养定位。在新时代背景下，创新创业已经上升为国家战略，成为推动经济高质量发展的重要引擎。高校作为科技创新和人才培养的重要基地，理应肩负起引领创新创业的时代重任。因此，创新创业节的主题设置要与国家战略和高校定位相契合，彰显时代精神和使命担当。比如，可以将“创新引领未来，创业筑梦中国”作为主题，号召大学生勇立时代潮头，通过创新创业实现人生价值、服务国家发展。

其二，创新创业节主题的设置应契合大学生成长成才规律，引导其培养自身的创新创业素养。当代大学生思维活跃，个性张扬，崇尚自由和个性的发展。同时，他们又处于人生观、价值观形成的关键时期，需要学校和社会的正确引导。创新创业节主题应顺应大学生的成长特点，以贴近生活的表达方式来引起共鸣，潜移默化地影响其价值取向。比如，“创新点亮人生，创业成就梦想”的主题，既彰显了个人价值追求，又寄托了家国情怀，能够激发当代大学生的情感认同。

其三，创新创业节主题的设置要彰显高校办学特色，提升创新创业教育实效。不同高校的办学理念、学科优势各有不同，这些特色也应体现在创新创业节的主题设置中。比如，理工科高校可以突出科技创新，以“科技引领未来，创新点亮人生”为主题；而人文社科类高校则可以强调人文关怀，以“创新成就梦想，创业造福人类”为主题。主题的差异化设置，能够形成各具特色的创新创业文化，为大学生的成长成才营造良好的教育生态。

其四，创新创业节主题的设置应重视社会各界的参与互动，汇聚起推动创新创业的磅礴力量。创新创业从来都不是高校和大学生的“独角戏”，而是需要政府、企业、社会组织等多方合力推进的系统工程。因此，高校要积极吸引社会各界参与到创新创业节主题的设计之中去，广泛凝聚社会共识。比如，可以与地方政府联合设计“创新创业，共筑家乡美好明天”主题活动，引导大学生投身家乡建设；又如，可以与行业龙头企业合作，以“跨界融合，协同创新”为主题，搭建产学研用合作平台。唯有如此，才能形成全社会支持创新创业的生动局面。

（二）创新创业节活动安排

创新创业节活动是引导大学生开启创新创业人生的重要契机。创新创业节活动安排的科学性和合理性直接影响着对大学生创新创业意识、能力和项目的培育。为了最大限度地调动学生的创新创业热情，激发他们的创造潜能，创新创业节活动安排应遵循以下基本原则。

1.体现全面性和系统性

创新创业是一个复杂的系统工程，涉及创意构思、市场调研、产品研发、商业计划、融资路演等诸多环节。创新创业节活动应全面涵盖创新创业的各个关键环节，系统培养学生的创新思维和创业能力。活动内容可以包括创新创业讲座、创意大赛、创业沙龙、项目路演等多种形式，帮助学生夯实创新创业知识基础，提升创新创业实践技能。

2.突出针对性和实效性

不同专业、不同年级的学生在创新创业方面的需求和基础存在着差异。创新创业节活动应根据学生的专业特点和认知水平，为学生提供有针对性的指导和服务。例如，可以邀请不同领域的创业导师，为学生提供个性化的创业辅导；开设分层分类的创新创业课程，满足学生的多元化需求。同时，创新创业节活动还应注重实践效果，鼓励学生将创意付诸行动，在实践中检验创新创业项目的可行性，并对其不断进行优化完善。

3.注重前沿性和引领性

创新创业教育必须紧跟时代发展步伐，把握经济社会发展趋势，引领大学生进行创新创业实践。创新创业节活动应密切关注行业动态和市场需求，及时更新活动内容和形式。邀请创新创业领域的领军人物担任主讲嘉宾，与学生分享最新的理念和经验；组织前沿技术研讨和热点产业论坛，拓宽学生的创新创业视野。鼓励学生瞄准市场需求，开发现实所需的创新产品和服务，引领创新创业发展方向。

4.强调参与性和互动性

创新创业教育绝非单向灌输，而是要充分调动学生的主观能动性，让他们在参与互动中产生创新创业的灵感和动力。创新创业节活动应为学生提供广阔的参与平台，鼓励学生自主策划、组织和实施各类活动。通过头脑风暴、小组讨论、模拟实训等互动环节，激发学生的创新思维和创造热情。营造宽松、包容的创新创业氛围，为学生提供创业经济资助，保障学生的创业实践安全有序地进行。

(三)创新创业节资源配置

创新创业节作为大学校园文化建设的重要组成部分，在营造创新创业氛围、激发学生创新创业热情方面发挥着不可替代的作用。高校开展创新创业节活动，必须统筹规划、科学配置各类资源，充分调动校内外力量，形成协同推进的工作格局。

首先，高校应建立专门的组织机构，负责创新创业节的统筹协调和资源整合。这一机构应由学校领导、职能部门、学院、学生组织等多方代表组成，形成分工明确、责任到人的管理体系。在此基础上，学校要制定详细的创新创业节活动方案，在方案中明确活动主题、时间安排、参与对象、考核标准等关键要素，为活动的有序开展提供制度保障。

其次，高校要立足自身优势，充分利用现有资源，为创新创业节提供必要的人力、物力、财力支持。学校可以利用现有的教学场地、实验室、图书馆等设施，为学生提供创新创业实践的空间。同时，学校还可以发挥教师队伍的专业优势，为学生提供创业指导、技术支持等服务。此外，学校还应积极筹措资金，设立创新创业专项基金，将其用于支持优秀创业项目和创新成果的孵化、转化。

再次，高校要积极开拓校外资源，借助社会力量来推动创新创业教育。学校可以与地方政府、行业企业、科研机构等建立战略合作关系，吸引更多的创新创业资源进入校园。例如，学校可以邀请知名企业家、创业成功者来校举办讲座，分享他们的创业经验；学校可以与企业合作，为学生提供实习实践机会；学校可以引入创业投资基金，为优秀创业项目提供资金支持。通过校企合作、产学研结合，高校能够拓宽学生的创新创业视野，提升其实践能力。

最后，高校要注重创新创业教育资源的优化配置，提高资源利用效率。学校应根据创新创业节的主题和学生的需求，合理配置人力、物力、财力等资源，避免资源的浪费和闲置。同时，学校还要加强对创新创业资源的绩效评估，建立健全监督考核机制，确保资源发挥最大效用。通过科学配置、动态调整，高校能够不断地优化创新创业教育资源，为学生提供更优质的服务。

五、大学生创新创业项目展示与交流活动

（一）项目展示形式

项目展示是大学生创新创业教育中不可或缺的重要环节，它为学生提供了一个展示自己的研究成果、交流创新个性思想的平台。合理选择项目展示形式，不仅能够最大限度地呈现项目的特色和亮点，也能够吸引观众的兴趣，促进创意的

广泛传播和应用。因此，探索多样化、创新性的项目展示形式，对提升大学生创新创业教育质量具有重要意义。

从呈现项目内容的角度来看，项目展示形式的选择应当立足项目自身的特点和需求。不同学科领域、不同研究方向的创新创业项目，其内容和形态千差万别。例如，理工科项目往往侧重技术原理的阐释和实物模型的演示，而人文社科项目则更加注重理论分析和案例论证。因此，项目展示形式的设计应当因项目内容而论，力求更准确、生动、深入地呈现项目的核心内容。具体而言，理工科项目可以采用实物展示、多媒体演示、现场实验等形式，通过直观的视听感受吸引观众；人文社科项目则可以运用口头报告、专题讨论、情境模拟等方式，通过言语表达和情感渲染感染观众。此外，针对综合性较强的跨学科项目，还可以采取多种展示形式相结合的方式，全方位、多角度地展现项目的创新亮点和优势。

从促进交流互动的角度来看，项目展示形式的选择应当充分调动观众的参与热情。创新创业项目的价值不仅在于创意本身，还在于创意能够引发他人的共鸣和启发。因此，项目展示不应仅停留在单向的信息传递，也应成为师生、同学之间平等交流、碰撞思想的契机。为此，教师应积极引导学生采用互动性强的展示形式，如现场问答、体验活动、头脑风暴等。通过与观众的直接对话和互动，学生能够及时获得反馈，发现项目存在的不足，激发改进创意的灵感。同时，生动活泼的互动氛围也能够激发观众的参与热情，使观众更加主动地思考问题、提出见解，从而实现思想的交流和碰撞。

从锻炼学生能力的角度来看，项目展示形式的选择应当突出学生的主体地位。项目展示不仅是学生展示研究成果的舞台，更是锻炼学生口头表达、人际沟通、应变处理等综合能力的机会。为此，教师应鼓励学生自主设计展示方案，独立完成展示任务，在实践中提升个人的综合素质。例如，学生可以自行撰写演示文稿，制作多媒体幻灯片，设计互动环节，通过亲力亲为地参与整个项目展示过程锻炼自己的表达和组织能力。在展示过程中，学生还需要直面观众提问，迅速调整思路，沉着应对各种突发状况，这对其口头表达和应变能力的提升大有裨益。通过精心组织、充分准备和现场展示，学生的综合素质必将在项目展示中得到全面锻炼和提升。

（二）项目交流平台

大学生创新创业项目展示交流平台是高校营造创新创业文化氛围的重要载体，通过搭建多层次、多渠道的展示交流平台，高校可以为大学生提供展示创新创业成果、交流创业经验的机会，激发他们的创新热情和创业激情。这些平台不仅有助于推动大学生创新创业项目的推广和应用，也能培养大学生的创新意识、创业精神和实践能力。

1.线上平台

从线上平台来看，高校可以依托校园网、微信公众号、微博、短视频等新媒体，建立大学生创新创业项目的展示专区。在这些专区中，大学生可以通过上传项目介绍、技术方案、产品原型等资料，为师生点评交流提供平台服务。同时，学校还可以邀请校内外专家学者、创业校友等通过线上直播、视频连线等方式，为大学生创新创业项目把脉问诊，提供精准的指导建议。这种线上展示交流不受时空限制，覆盖面广，传播速度快，能够吸引更多师生关注大学生创新创业。

2.线下平台

从线下平台来看，高校可以定期举办创新创业项目路演、创业沙龙、创客马拉松等活动，为大学生搭建面对面地展示及交流的平台。在这些活动中，参赛团队可以通过情景剧、实物展示、多媒体演示等生动形式，向评委和观众展示项目的创新点、商业模式、发展前景等，赢得认可和支持。学校还可以邀请创投机构、行业企业等参与路演活动，为优秀项目提供资金、技术、渠道等资源对接，助力其加速成长。这些线下活动能够为高校营造浓厚的创新创业氛围，激发大学生的创业激情。

3.实践平台

从实践平台来看，高校还应积极推动大学生创新创业项目的孵化和转化。一方面，学校可以整合各类创新创业实践基地，如创新创业实验室、创客空间、众创空间等，为大学生提供场地、设备、指导等方面的支持，帮助大学生开展项目研发、产品试制等实践活动。另一方面，学校可以加强与地方政府、行业企业、科研院所等的合作，共建大学生创新创业孵化基地，促进科技成果的转移转化，实现产学研用紧密结合。在这些实践平台的支持下，优秀的大学生创新创业项目能够加速成长，早日实现产业化、市场化。

(三)项目展示评审

项目展示的评审是大学生创新创业教育中一个至关重要的环节。评审过程不仅能够检验学生创新创业项目的质量和水平，还能引导学生不断优化和完善自己的创业方案，提升自己的创新创业能力。一个科学、规范、公正的评审机制，对激发学生的创业热情、营造良好的创新创业氛围具有重要意义。

1.构建多元化的评审指标体系是保证评审质量的基础

项目展示评审不能仅局限于对创业方案本身的考察，还应该全面评估项目的创新性、可行性、市场前景等多个维度。例如，在创新性方面，评审应重点关注项目的独特性、前瞻性和技术含量；在可行性方面，评审应全面考虑项目的资源条件、风险预案和盈利模式；在市场前景方面，评审应深入分析项目的目标市场、竞争优势和发展潜力。只有建立起科学、全面的评审指标，才能真正考察项目的综合质量，为创业项目的遴选和孵化提供可靠依据。

2.吸纳多方主体参与评审是提高评审专业性的有效途径

大学生创新创业项目涉及面广、专业性强，仅凭高校教师很难全面、专业地评估每一个项目。因此，高校应积极吸纳企业家、投资人、行业专家等社会资源参与到评审工作中来，借助他们在行业发展、市场动向、商业模式等方面的专业视角和实践经验，为项目展示评审提供有力的帮助和支持。通过校企合作、产学研联动等方式，高校可以与社会各界建立常态化的交流合作机制，为大学生创新创业项目的评审提供智力支撑和资源保障，提升项目评审的专业化水平。

3.规范评审流程是确保评审公平、公正的重要保证

项目展示评审应该在公开、透明的原则下进行，杜绝暗箱操作和徇私舞弊。评审流程应包括材料申报、形式审查、初步评审、答辩演示、综合评议等环节，每个环节都应该有规范的操作规程和评判标准。同时，参评项目的资料也应该在评委之间充分共享，接受评委的交叉质询和综合讨论，以形成客观、准确的评审意见。通过规范评审流程，可以最大限度地克服人为因素的干扰，确保每一个项目都能够得到公平、公正的对待，维护创新创业教育的良好生态。

4.建立评审反馈机制是进一步优化项目的必然要求

评审不应该是一锤定音的终局，而是项目继续不断改进的新起点。评委在评审过程中，应该具体指出项目存在的不足和改进空间，并就进一步优化完善提供意见建议。而参评项目也应该虚心接受评委的意见，并根据这些意见对项

目进行修改完善,使其更加切合市场需求,更具创新性和可行性。项目评审后,高校还应跟进项目的后续发展,为项目的孵化、路演、对接等环节提供持续支持,以“展示-评审-反馈-优化-孵化-推广”的闭环机制,推动大学生创新创业项目的螺旋式上升。

(四)项目展示推广

项目展示推广是大学生创新创业教育过程中的重要环节,对激发学生的创新创业热情,提升其创新创业能力,推进高校创新创业教育的发展具有重要意义。学校通过精心策划和严密组织项目展示推广活动,为学生搭建展示创新创业成果的平台,使他们的创意和努力得到更多人的认可和支持。

1.项目展示的形式

从项目展示的形式来看,高校可以采取多种方式,如创新创业项目路演、创新创业成果展览、创新创业经验分享会等。在项目路演环节,学生可以通过演示和讲解,向评委和观众介绍项目的创意、技术路线、市场前景等,接受专家和评委的专业点评和指导。创新创业成果展览则侧重于向公众展示学生的研究成果和产品原型,吸引更多人的关注和参与创新创业项目。而创新创业经验分享会则为已经取得一定成就的学生提供交流和分享的机会,也为其他学生提供学习借鉴的成功经验,激励更多学生投身创新创业实践。

2.项目推广的渠道

从项目推广的渠道来看,高校应充分利用各种线上、线下的资源,扩大项目的影响力和受众范围。一方面,高校可以利用官方网站、微信公众号、微博等新媒体平台,及时发布项目展示活动的信息,吸引师生和社会公众的广泛关注。另一方面,高校还可以与地方政府、企业、投资机构等建立合作,为优秀项目提供进一步孵化和推广的机会。通过与社会各界的密切互动,高校不仅能够帮助学生拓宽视野,还能为其创新创业提供更多资源支持。

六、大学生创新创业文化宣传活动的设计

(一)宣传内容策划

大学生创新创业文化宣传内容的策划是开展相关活动的重要基础,高校应立

足全方位育人目标，充分发挥宣传工作的导向作用，精心设计宣传内容，为营造浓厚的创新创业氛围奠定思想基础。

宣传内容的策划应紧密围绕大学生创新创业的主题，突出鲜明的时代特征和价值导向。一方面，要深入分析我国经济社会发展对创新创业人才的迫切需求，宣传创新创业在推动经济转型升级、实现高质量发展中的重要作用，增强大学生投身创新创业的使命感和责任感。另一方面，要积极宣传党和国家关于深化创新创业教育改革的决策部署，阐释培养创新创业人才的战略意义，引导大学生将个人理想抱负与国家发展大局相结合，勇做新时代创新创业的生力军。

在内容选择上，要注重以典型引路，善于运用鲜活生动的案例开展宣传教育。要广泛收集国内外创新创业领域的优秀案例，尤其是大学生创新创业的先进事迹，通过事迹报告会、经验交流会等形式，宣传创新创业典型的先进感人事迹和创业历程，分析他们成功的经验做法，激励更多学生以他们为榜样，勇敢地走上创新创业之路。同时，要客观呈现创新创业的艰辛和挫折，引导学生端正心态、砥砺意志，为实现创新创业理想而不懈奋斗。

宣传内容应涵盖创新创业所需的知识技能和实践平台，立足创新创业教育的内在规律，精心设计宣传专题，普及创新思维、创业管理、市场营销等方面的理论知识，传授创业计划书的撰写、路演等实用技能，帮助大学生夯实创新创业的基础。要大力宣传学校创新创业教育课程体系、创业孵化基地、众创空间等教学资源和实践平台，鼓励学生积极参与各类创新创业实践，在实践中加深对理论知识的理解，提升创新创业能力。

宣传内容的设计还要注重人文关怀，引导学生树立正确的创新创业价值观。学校在宣传创新精神、创业精神的同时，要着力弘扬优秀的中华文化传统。通过弘扬尊重知识、尊重人才的价值理念，崇尚刻苦钻研、敬业进取的科学精神，激发大学生对创新事业的执着和热爱；通过弘扬以“自觉奉献、勇于担当、诚实守信”为核心的企业家精神，引导大学生恪守职业道德，树立正确的创业观和就业观，使他们成为“德才兼备、全面发展”的创新创业型人才。

(二)宣传渠道选择

在信息时代，高校应充分利用新媒体平台的强大传播力和互动性，通过微信公众号、微博、短视频等方式，及时发布创新创业相关资讯，分享优秀创业项目和创业故事，引发广大学生的关注和参与。同时，高校还应注重线下宣传渠道的建设，如校园广播、宣传栏、海报等，以更直观、更具冲击力的方式展示创新创业文化的内涵和价值。

1.充分考虑大学生群体的特点和需求

当代大学生思维活跃、接受能力强、对新鲜事物充满好奇。因此,宣传内容应富有创意,宣传形式应新颖多样,才能有效吸引他们的注意力。比如,可以邀请优秀创新创业校友开展线上直播交流,分享他们的创业经历和心得体会;又如,可以举办创新创业知识竞赛,采用寓教于乐的方法提高学生参与度。

2.注重宣传渠道的针对性和差异化

不同专业、不同年级的大学生在创新创业方面的需求和基础有所不同,宣传内容和方式也应有所侧重。对于低年级大学生,可以侧重普及创新创业的基本知识,如创业政策解读、商业计划书撰写技巧等,帮助其形成初步的创业意识;对于高年级大学生,则可以侧重介绍前沿的创业项目和先进的创业理念,提供更专业、更实用的指导。同时,针对不同专业领域,可以邀请相关领域的行业专家开办有针对性的创业指导讲座,给学生提供差异化的创业资源对接服务。

3.宣传渠道的整合和联动

单一的宣传渠道往往难以达到预期效果,需要多个渠道形成合力,协同发力。比如,可以在微信公众号上连载创业故事,同时在校园广播中进行宣传,在宣传栏中展示相关海报,形成立体化的传播矩阵。又如,可以依托各类创新创业知识竞赛,开展系列宣传活动,大力营造浓厚的创新创业文化氛围。这种整合传播能够最大限度地扩大创新创业文化的影响力,提高大学生的参与度和认同感。

(三)宣传活动组织

宣传活动的有效组织对于提升大学生创新创业文化传播的影响力和效果至关重要。在创新创业文化宣传过程中,高校应充分利用多种媒介和平台,采取灵活多样的组织形式,制定科学合理的宣传策略,以吸引更多学生的关注和参与。

首先,高校应建立专门的创新创业文化宣传工作小组,由学校相关部门、各学院和学生组织共同参与。工作小组需要明确宣传目标和受众群体,根据不同受众的特点设计针对性的宣传内容和形式。例如,面向低年级学生,可以侧重介绍创新创业的基本概念和成功案例,激发其对创新创业的兴趣;面向高年级学生则可以提供更多实操性指导和资源支持,帮助他们将创意付诸实践。

其次，高校应充分利用新媒体平台开展创新创业文化宣传。当前，微信、微博、抖音等社交媒体已经成为大学生获取信息的主要渠道。高校可以申请注册各平台的官方账号，通过制作原创内容、举办线上活动等方式，增强与学生的互动交流。同时，还可以邀请创新创业领域的专家学者、优秀校友等开展网络直播或访谈，分享他们的见解和经验，提升宣传的专业性和权威性。

再次，线下实体宣传活动也至关重要。高校可以定期举办创新创业文化节、主题展览、学术报告会等，营造浓厚的创新创业文化氛围。在活动中，可以展示学生的优秀创新创业项目成果，还可以组织创业模拟大赛、创意提案竞赛等活动，为学生提供实践锻炼的机会。这些活动不仅能够吸引更多学生参与其中，也有助于挖掘和培养更多优秀的创新创业人才。

最后，高校应注重创新创业宣传与日常教学的有机融合。可以将创新创业理念、方法融入专业课程教学中，开设创新创业类选修课，引导学生在学习专业知识的同时培养创新意识和创业能力。教师在授课过程中，可以适时介绍创新创业领域的前沿动态和发展趋势，分析创新创业项目的成功案例，激发和发展学生的创新思维。

第五章　大学生创新创业教育的师资队伍建设

第一节　大学生创新创业教育师资培训与发展

一、大学生创新创业教育师资培训的目标

(一)提升教学能力

提升大学生创新创业教育师资的教学能力是一项关键而紧迫的任务。当前,大学生创新创业教育已上升为国家发展战略,成为高校人才培养的重要内容。然而,由于这一领域的复杂性和特殊性,许多高校的创新创业教育师资在教学能力方面尚存在不足,难以满足新时代创新型人才培养的需求。因此,深入分析制约大学生创新创业教育师资教学能力提升的因素,探索行之有效的培养路径,对于推动创新创业教育的高质量发展具有重要意义。

影响大学生创新创业教育师资教学能力提升的因素是多方面的。首先,教师自身的知识结构和专业素养是提升教学能力的基础。创新创业教育涉及管理学、经济学、心理学等多个学科领域,要求教师具备扎实的基本理论功底和广博的知识。同时,创新创业实践活动千变万化,教师还需要拥有敏锐的洞察力和丰富的实践经验。其次,教学理念的先进性直接影响着教学效果。传统的"满堂灌"式教学模式难以激发学生的主动性和创造性,而以学生为中心、注重创新能力培养的教学理念更符合创新创业教育的内在要求。再次,教学方法的灵活多样也不可或缺。创新创业教育强调亲身实践和体验式学习,教师需要根据教学内容和学生特点,合理运用案例分析、小组讨论、情景模拟等多种教学方法,营造自主、合作、探究的课堂氛围。最后,教学评价机制的科学性也值得关注。单一的结果评价往往忽视了学生在创新创业学习过程中的进步和收获,而将过程性评价和终结性评价相结合,则有助于全面考查学生的创新创业综合素质。

针对这些影响因素,提升大学生创新创业教育师资的教学能力可以从以下几个方面着力。一是加强教师的专业培训。高校应定期组织创新创业教育专题讲座、研讨会和实践活动,邀请行业专家、优秀企业家和创业成功者分享经验,帮助

教师及时更新知识，拓宽视野。二是转变教学理念。要鼓励教师树立以能力培养为核心的教学理念，关注学生的个性化需求，建立民主、平等、开放的师生关系，激发学生的好奇心和探究欲。三是创新教学方法。引导教师根据课程特点和教学目标，灵活运用启发式、参与式、体验式等教学方法，使教师注重创设逼真的创业情境，锻炼学生运用所学知识解决实际问题的能力。四是完善评价体系。建立科学合理的教学评价指标体系，兼顾学生在创新意识、创业能力、团队协作等方面的表现，促进其全面发展。五是搭建实践平台。充分利用校内外资源，为教师提供挂职锻炼、项目孵化、成果转化等实践机会，提升其创新创业指导能力。

（二）增强创新意识

在大学生创新创业教育中，教师的创新意识对于学生创新能力的培养至关重要。创新意识可以理解为发现问题、提出问题、分析问题和解决问题的意识，是创新思维的先导。作为创新创业教育的引路人，教师只有具备敏锐的创新意识，才能激发学生的创新灵感，引导其开展创新实践。

1. 从思想观念入手

传统教育理念强调“师道尊严”，把教师视为知识的权威，而学生只能被动接受。而创新创业教育则倡导“以生为本”，鼓励学生质疑、批判、探索未知。这就要求教师摒弃因循守旧的思维定式，树立开放、包容、鼓励创新的教学理念。唯有如此，教师才能营造自由、平等、互动的教学氛围，让学生敢于大胆尝试、勇于突破创新。

2. 不断更新知识结构

创新离不开知识的积累和融通，教师只有广泛涉猎各学科的前沿动态，才能拓宽学生的知识视野，启发其创新灵感。这就要求教师主动跳出教材和课堂的局限，与时俱进地学习新知识、新技术、新方法。同时，教师还应注重学科交叉融合，引导学生打破学科壁垒，促进不同领域知识的碰撞和创新。

3. 创新实践的锻炼

创新不是纸上谈兵，而是需要在实践中不断进行试错、反思、优化。因此，教师要积极参与到各类创新项目和竞赛之中，亲身体验创新过程，总结创新规律。同时，教师还要引导学生参与到创新实践中去，鼓励其大胆设想、勇于尝试，使学生在实践中增强自身的创新意识和能力。

(三)培养实践技能

培养实践技能是大学生创新创业教育师资培训的重要目标之一。创新创业教育不同于传统的理论教学,它更强调实践操作和动手能力的培养。只有具备扎实的实践技能,教师才能有效指导学生开展创新创业实践活动,帮助其将创意转化为现实成果。

在实践技能培训中,教师首先要掌握创新创业项目策划、运营、管理等各环节的实操方法。通过系统地学习创业计划书撰写、市场调研、产品设计、财务管理等内容,教师能够建立起完整的创业实践知识体系。在此基础上,培训还应加强案例教学,引导教师参与到真实创业项目或模拟实训之中去,在实践中强化技能的应用。

其次,实践技能培训要注重培养教师的指导能力。创新创业实践具有很强的开放性和不确定性,学生在实践过程中往往会遇到各种困难和挑战。教师需要具备敏锐的观察力和分析力,能够及时发现并理解学生的需求,对学生给予针对性指导。同时,教师还要掌握引导学生自主思考、主动探索的方法,激发其创新潜能。培训可以通过师徒结对、教学观摩等形式,提高教师的实践指导水平。

最后,实践技能培训应重视跨学科知识的融合。创新创业实践涉及技术研发、产品设计、市场营销等多个领域,需要多学科知识的交叉运用。培训应为教师搭建跨学科交流平台,鼓励不同专业背景的教师相互学习,使他们能够共同探讨创新创业中的复杂问题。通过跨界思维的碰撞,教师能够拓宽知识视野,形成多元化的实践技能。

二、大学生创新创业教育师资培训的原则

(一)科学性原则

科学性原则是大学生创新创业教育师资培训的重要原则之一,它要求培训活动必须遵循教育教学规律,尊重创新创业人才成长规律,坚持理论联系实际,注重培训内容的科学性、针对性和实效性。

首先,创新创业教育是一项系统工程,涉及教育理念、课程体系、教学方法、实践活动等多个方面。开展创新创业教育师资培训,必须深入地研究国内外创新创

业教育的最新理论和实践成果，了解和把握创新创业教育发展的趋势和规律，用科学的理论来指导培训实践。只有建立在扎实的理论基础之上，师资培训才能找准方向、把握重点，避免盲目性和随意性。

其次，创新创业人才的成长有其自身的特点和规律。创新创业能力的培养不是一蹴而就的，而是需要长期不断地学习和实践。因此，创新创业教育师资培训要遵循教师专业发展规律，针对不同层次、不同类型的教师来设计差异化的培训方案，提供持续性、梯度化的培训支持。同时，要尊重教师的主体地位，调动其学习的主动性和创造性，引导其在实践中探索创新创业教育的有效途径。

再次，创新创业教育必须立足于现实需求，紧密联系经济社会的发展实际。当前，我国经济发展进入了新常态，创新驱动发展战略深入实施，对创新创业人才的需求日益增长。创新创业教育师资培训要准确把握时代脉搏，及时更新培训内容，突出创新精神、创业意识和实践能力的培养，提高培训的针对性和实效性。要引导教师深入了解行业企业需求，积极开展校企合作，建立产学研用联动机制，推动创新创业教育与实践的紧密结合。

最后，科学性原则要求创新创业教育师资培训必须遵循教育教学规律，采用科学合理的培训方式。要根据培训对象的特点和需求，来合理设置培训课程，优化培训内容，创新培训形式，提高培训的吸引力和感染力。既要注重理论学习，夯实教师的知识基础；又要强化实践训练，提高教师的实践技能；还要搭建交流平台，促进教师的经验分享和智慧碰撞。

（二）系统性原则

系统性原则是大学生创新创业教育师资培训的重要原则之一，它要求在培训过程中，要全面考虑创新创业教育的各个环节和要素，将培训内容纳入一个有机整体，构建科学、系统的培训体系。这是因为创新创业教育是一项复杂的系统工程，涉及教学理念、课程设置、实践活动、指导方法等诸多方面。只有遵循系统性的原则，才能使各培训环节能够相互衔接、相互促进，形成合力，最终达成培养高素质创新创业教育师资的目标。具体来说，系统性原则在大学生创新创业教育师资培训中的应用主要体现在以下几个方面。

1. 培训内容的设置要系统全面

培训内容应涵盖创新创业教育的各个重点领域，如创新思维训练、创业项目指导、教学方法改革等。同时，要兼顾理论与实践、知识与技能、课堂教学与课外指导等不同维度，使培训内容形成完整的知识和能力结构。通过系统化地设置培训内容，教师能够全面提升创新创业教育的综合素质，为学生的创新创业成长提供更加专业、有效的指导。

2. 培训方式要多元融合

单一的培训形式难以满足创新创业教育师资成长的多样化需求。因此，要积极整合专家讲座、在线学习、经验交流、实践演练等多种培训途径，为教师搭建丰富的学习平台。通过综合运用不同的培训方法，教师可以在理论学习、经验分享、实践锻炼等方面获得均衡发展，形成融会贯通的创新创业教育胜任力。

3. 培训评估要科学完善

培训评估不仅要关注教师的知识的增长和技能的提高，更要注重其教学实践能力和育人效果的改善。因此，评估体系的构建要坚持科学性与针对性相统一，采取理论测试、实践考核、学生评价等多元评估方式，全方位、动态地评判教师的培训效果。通过系统化的培训评估，可以及时发现和解决在培训过程中存在的问题，优化完善培训方案，提高培训的针对性和有效性。

4. 与学校整体发展相协调

创新创业教育师资队伍建设是高校人才培养的重要组成部分，必须与学校的发展目标和规划相一致。因此，要加强顶层设计，将师资培训纳入学校事业发展的总体布局中，将其与专业建设、课程改革、实践教学等各项工作紧密结合，进而实现师资培养与学校发展的同频共振、互促共进。

（三）实践性原则

实践性原则是大学生创新创业教育师资培训的重要原则之一。相较于对理论知识的学习，实践能力的培养对于创新创业教育来说更加关键。只有让教师在实践中锻炼和提升自己的教学技能，才能使教师真正掌握创新创业教育的方法和规律，成为引导大学生进行创新创业实践的行家里手。

实践性原则要求创新创业教育师资培训要立足教学实际，聚焦教学问题，在解决问题的过程中提升教师的实践教学水平。这就需要培训内容与教师的教学实践紧密结合，培训形式要灵活多样，能够充分调动教师主动参与的积极性。比如，可以通过案例教学、教学演示、实地考察等方式，引导教师在具体情境中探索创新创业教育的有效策略;也可以通过教学竞赛、教学沙龙等活动,为教师搭建一个相互交流、相互启发的平台。

在实践性培训中,教师不仅能够深入地领会到创新创业教育的内在规律,掌握行之有效的教学方法,更能够在反思和探索中形成独特的教学风格。通过亲身体验创新创业活动的全过程,教师能够更加深刻地理解创新创业的本质特征,洞察大学生创新创业的心理需求,从而因材施教,激发学生的创新潜能。同时,在实践锻炼中,教师还能够不断地发现在教学中的不足,调整和改进教学策略,实现教学能力的持续提升。

实践性原则并非否定理论学习的价值,而是强调理论与实践的紧密结合。扎实的理论基础是开展实践教学的前提,深厚的知识积累是创新创业的底气所在。因此,在师资培训中,要引导教师在实践中升华理论认识,在理论指导下改进实践策略,使二者相互促进、相得益彰。只有坚持实践性原则,才能培养出一支既有理论高度,又有实践深度的创新创业教育师资队伍。

(四)持续性原则

创新创业教育是一项系统而复杂的工程,需要长期坚持和不断深化。单次培训虽然可以在一定程度上提升教师的教学能力和创新意识,但难以从根本上改变教师的教学理念和行为习惯。只有将培训常态化、制度化,形成持续稳定的培训机制,才能真正地实现创新创业教育师资队伍建设的目标。

其一,持续性培训有助于教师及时更新知识结构,紧跟创新创业教育的前沿动态。在知识经济时代,科学技术日新月异,创新创业形势瞬息万变。教师只有通过持续学习和培训,才能掌握最新的理论知识和实践经验,从而适应不断变化的教学需求。而一次性、短期化的培训却往往难以满足教师持续专业发展的需要,甚至可能导致教师知识老化、教学方法僵化等问题。

其二,持续性培训能够促进教师教学能力的螺旋式上升。教学是一门艺术,需要在实践中不断磨砺和提高。通过参加持续性培训,教师可以系统地反思自己的教学实践,发现自身存在的问题和不足,并有针对性地对其加以改进。同时,在培训过程中,教师还可以与其他参训教师充分交流,相互学习,取长补短。这种良性互动有利于教师拓宽视野、开阔思路,不断优化教学方式和策略,实现教学能力和水平的持续提升。

其三,持续性培训对于增强教师的责任心和使命感也有重要作用。创新创业教育肩负着培养创新型人才、服务经济社会发展的重任。这项事业的推进离不开一支热爱教育、甘于奉献的高素质师资队伍。而持续性培训恰恰能够帮助教师坚定教书育人的信念，激发其教学热情，使其树立终身学习和专业发展的意识。通过长期培训，教师能够更加深刻地认识到自身工作的价值和意义，进而以更加饱满的热情投入教学实践中。

三、大学生创新创业教育师资培训的方式与方法

(一)线上培训

随着信息技术的迅猛发展，线上教育已经成为高等教育领域的重要发展方向。将线上培训与创新创业教育师资培养相结合，能够有效地突破时空限制，拓宽培训渠道，提升培训质量和效率。

从培训资源的丰富性来看，线上培训能够整合优质教育资源，为创新创业教育教师提供多元化的学习内容。通过网络平台，教师可以便捷地获取国内外先进的教学理念、教学方法和实践案例，了解创新创业教育的前沿动态和发展趋势。优秀的慕课、微课、在线教程等资源，能够满足教师个性化、多样化的学习需求，帮助其不断更新知识结构，提升其教学能力。

从培训形式的灵活性来看，线上培训打破了传统面授培训的时空界限，为教师参与培训提供了极大的便利。教师可以根据自身的工作安排和学习节奏，自主选择培训时间和地点，并灵活安排学习进度。同时，线上培训还能够支持教师之间的互动交流，通过在线研讨、经验分享等环节，促进教学经验的传承和教学思想的碰撞，形成教师专业发展的学习共同体。

从培训效果的持续性来看，线上培训有助于建立创新创业教育师资培养的长效机制。借助网络平台，可以为教师开辟一条持续学习、持续提升的成长通道。教师能够在完成培训后，继续通过平台学习最新知识，了解实践前沿，参与教学研讨，实现专业能力的不断更新迭代。线上培训产生的资源和经验还可以被记录、积累，逐步完善师资培养的课程体系和资源库，为后续培训工作提供有力支撑。

线上培训还能够扩大创新创业教育师资培训的受众面，促进培训机会的公平性。相较于传统的集中培训，线上培训能够覆盖更广泛的教师群体，尤其是偏远地区和基层高校的教师，让他们有机会接受优质培训，提升教学水平。这对于缩小区域间、学校间创新创业教育发展的差距，提升人才培养的整体质量具有重要意义。

（二）线下研讨

相较于线上培训，线下研讨能够提供更加直接、深入的交流互动机会，有利于教师之间的经验分享和思想碰撞。在线下研讨中，教师可以面对面地探讨创新创业教育的理念、内容、方法等核心问题，共同研究如何提升教学效果，激发学生的创新创业潜能。

为了充分发挥线下研讨的作用，组织者需要精心设计研讨主题和流程。一般而言，研讨主题应紧密围绕创新创业教育的前沿动态、实践难点、改革方向等展开，既要有理论高度，又要有实践深度。研讨流程则应包括主题报告、经验分享、问题讨论、成果展示等环节，既要有专家引领，又要有教师参与。通过系统化、多样化的研讨活动设计，可以促进教师全面深入地理解创新创业教育的内涵，掌握相关的教学方法和技巧。

在线下研讨过程中，教师应秉持开放、互动、反思的态度，积极投入研讨活动中。一方面，教师要虚心学习专家学者的前沿理念和宝贵经验，将其吸收转化为自身的教学智慧；另一方面，教师要勇于分享自己的教学实践和心得体会，与同行交流切磋，共同提升。同时，教师还应针对在研讨中提出的问题、观点进行深入思考和反思，并要结合自身教学实际，探索创新创业教育的有效路径。唯有在学习与反思中不断精进，教师才能真正成长为创新创业教育的行家里手。

（三）专家讲座

专家讲座是大学生创新创业教育师资培训的重要方式之一。通过邀请创新创业领域的知名专家学者来校讲学，教师可以及时了解创新创业教育的前沿动态，掌握创新创业的理论知识和实践经验，开阔教学思路，提升教学水平。专家讲座不仅能够向教师传授系统的理论知识，更能够与教师分享宝贵的实践经验和成功案例，使教师对创新创业有更加直观、深入的认识。

专家讲座的内容应当紧密结合创新创业教育的需求，涵盖创新创业理念、创业项目规划、创业团队组建、创业风险管理等多个方面。讲座形式可以灵活多样，既可以采用传统的讲授式，也可以采用互动式、工作坊等参与度更高的形式。无论采用何种形式，专家讲座都应当注重理论与实践的结合，鼓励教师积极思考、踊跃提问，促进教学相长。

为了发挥专家讲座的最大效用，学校应当进行精心组织、周密安排。首先，要根据师资培训的目标和教师的实际需求，有针对性地邀请专家。其次，要做好讲座的宣传发动工作，提高教师的参与度和积极性。再次，要营造良好的讲座氛围，为专家营造一个宽松、愉悦的讲学环境。最后，要注重讲座的后续跟进，引导教师将所学知识应用到教学实践中，不断提升创新创业教育的质量。

专家讲座不仅是教师学习新知识、拓宽新视野的重要途径，更是对校内外创新创业教育资源的有效整合。通过专家讲座，高校可以加强与政府、企业、科研机构等的联系，搭建起一座校企合作、产学研协同的桥梁，为创新创业教育注入持久动力。同时，专家讲座也有助于提升学校的社会影响力和美誉度，吸引更多的优秀学子报考，从而形成良性循环。

四、大学生创新创业教育师资发展的路径与策略

(一)师资发展规划

创新创业教育师资队伍建设是一项系统工程，需要从顶层设计入手，制定科学、合理的师资发展规划。规划的制定应立足于创新创业教育实际，紧密结合学校发展目标和人才培养需求，要能够为教师专业发展提供全面、长效的制度保障。

首先，师资发展规划要明确创新创业教育师资队伍建设的总体目标和阶段性任务。总体目标应着眼于打造一支理念先进、结构合理、素质优良的高水平创新创业教育师资队伍，这支队伍既要具备扎实理论基础，又要富有实践经验，能够有效指导大学生创新创业实践。在此基础上，还应根据教师专业发展的不同阶段，向教师提出明确、具体的阶段性任务，引导教师持续提升创新创业教育教学能力。

其次，师资发展规划要为教师搭建多元化的培养培训体系。培养培训是提升教师创新创业教育专业素质的重要途径。规划应统筹校内外资源，为教师提供形式多样、内容丰富的培训机会。一方面，学校要定期组织教学研讨、经验交流等校内培训活动，为教师搭建同行学习、协作提高的平台。另一方面，还要积极选派教师参加国内外高水平的培训项目，学习借鉴先进理念和成功经验，拓宽教师的国际视野。同时，应鼓励教师深入创新创业一线，参加企业实践锻炼，不断增强自身的实践指导能力。

再次，师资发展规划要完善教师评价和激励机制。科学合理的评价激励是调动教师积极性、推动其不断进步的关键所在。规划应建立多维度、全方位的教师评价指标体系，既要关注教师的教学工作量和教学质量，也要考察其创新创业教

育研究成果、实践指导绩效等。对于在创新创业教育领域做出突出贡献的教师，要给予表彰和奖励，营造尊重教师、重视创新创业教育的良好氛围。与此同时，还要将教师的创新创业教育工作业绩作为职称评聘、岗位晋升的重要依据，为教师长期投身创新创业教育事业提供切实保障。

最后，师资发展规划应重视教师的个性化需求。教师作为独立个体，其专业发展诉求具有多样性和差异性。规划在统筹推进的同时，还应关注教师的个体特点和职业发展需要。学校应建立教师发展档案，及时了解教师在不同职业阶段的发展需求，有针对性地向教师提供个性化指导和帮助。同时，要为教师搭建自主发展平台，鼓励教师根据自身特长和兴趣，在创新创业教育领域进行专业探索，形成个性化的教学风格和专长领域。教学管理部门要为其提供必要的政策支持和条件保障。

（二）师资交流与合作

师资交流与合作是大学生创新创业教育师资发展的重要途径。通过校内外、国内外的交流与合作，教师能够开阔视野、更新知识、提升能力，为创新创业教育注入新的活力。在交流合作中，教师可以了解不同院校、不同地区创新创业教育的先进理念和成功经验，向它们学习借鉴优秀的教学模式和方法。这不仅有助于教师自身专业素质的提升，更能够推动本校创新创业教育的改革与发展。

具体而言，高校应积极搭建多层次、多渠道的师资交流合作平台。在校内，要打破学科壁垒和院系界限，鼓励不同专业背景的教师开展跨学科交流与合作。创新创业教育本身就是一项复合型、综合性的系统工程，需要管理学、经济学、心理学等多学科知识的融合与贯通。跨学科的教师交流有助于形成协同创新的师资团队，促进知识的交叉融合与再创新。同时，学校还应支持教师参加校外乃至国际交流与合作。学校可以选派优秀教师到国内外知名高校、科研院所进行访学研修，学习先进的创新创业教育理念和实践经验。也可以邀请国内外创新创业教育专家来校讲学、指导，为教师搭建一个与业界精英交流的平台。这种将“走出去”与“引进来”相结合的方式，能够拓宽教师的国际视野，提升其创新创业教育的理论素养和实践能力。

此外，高校还应鼓励教师深度参与创新创业实践活动，在实践中加强与企业、行业的交流合作。教师可以带领学生走进企业，开展创新创业项目合作，让学生在真实的企业环境中学习和实践。在这一过程中，教师不仅能够积累创新创业指导的实践经验，还能与企业导师形成优势互补、资源共享的合作关系。企业导师往往具有丰富的创业实战经验和行业资源，能够为高校创新创业教育提供实践案例和指导支持。而高校教师则擅长理论研究和学术指导，能够为企业破解创新难题、优化管理模式提供智力支持。双方通过交流合作，可以形成产学研用紧密结合的创新创业生态系统，进而实现优势资源的双向流动和价值创造。

(三)师资发展评估

师资发展评估是大学生创新创业教育师资队伍建设的重要环节，它通过科学、规范的评估机制，全面考查教师的教学能力、实践指导水平、创新意识等，准确把握师资队伍的现状和不足，为后续的师资培养和发展提供决策依据。

1.评估方式

从评估内容来看，师资发展评估应该建立在创新创业教育的特点和要求之上。与传统学科教学不同，创新创业教育更加强调实践性、应用性和跨学科性。因此，评估不能仅局限于教师的理论知识水平，更要重点考查其实践指导能力、产学研合作经验、创新创业项目成果等。同时，评估还应关注教师的创新意识和创业精神，考查其敢于打破常规、勇于开拓创新的品格特质。只有全方位、多维度地去评估教师素质，才能真正促进创新创业师资的专业化、个性化发展。

2.评估方式

从评估方式来看，师资发展评估应该坚持将定性与定量、过程性评估与结果性评估相结合的原则。定性评估侧重于对教师教学反思报告、学生评教、同行评议等主观性材料的分析，定量评估则注重于对教学工作量、学生创业项目数量、科研成果转化率等客观性数据的统计。二者相互补充，可以全面反映教师的实际表现。过程性评估贯穿于日常教学活动之中，通过随堂听课、教学档案检查等方式，动态监控教师的教学过程。结果性评估则在学期或学年末进行，重点考查教师的教学效果和育人成果。两种评估方式交替进行，形成闭环反馈，可以有效推动教师教学能力的持续提升。

3.评估主体

从评估主体来看，师资发展评估应该汇聚多元评价视角，兼顾学校、企业、学生等利益相关方的意见。学校是评估的组织者，要在制度建设、评估实施等方面发挥主导作用。企业是创新创业教育的重要合作方，要积极参与到人才培养方案制定、实习实践基地建设、师资培训等环节，提供产业视角下的评判标准。学生是创新创业教育的直接受众，对教师的教学态度、能力水平有切身的体验，应成为评估的重要信息来源。此外，行业组织、校友等也可以适度参与其中，提供更加广泛、客观的评价视角。多元主体的融合互动，可以提高评估的科学性、针对性和可信度。

4.评估结果运用

从评估结果运用来看，师资发展评估不是目的，而是手段。它为教师专业发展、教学管理决策等提供了重要的价值判断依据。但评估结果不宜简单直接地与教师的考核奖惩、职称晋升等挂钩，而应被主要用于诊断问题、改进教学、促进反思。对于在评估过程中发现的优秀教师，学校应给予其表彰奖励，发挥其示范引领作用。对于在评估过程中反映出的共性问题，学校要及时制订有针对性的师资培训计划，有的放矢地提升整体师资水平。对于评估中暴露出的个别问题，学校要与教师进行充分沟通，形成改进方案，帮助其查缺补漏、迎头赶上。

第二节　大学生创新创业教育师资队伍的激励机制

一、大学生创新创业教育师资队伍的物质激励措施

(一)薪酬激励

一流的大学生创新创业教育离不开一支高素质、专业化的师资队伍，在这支队伍中，教师的薪酬待遇无疑是至关重要的影响因素。合理、有竞争力的薪酬水平不仅能够吸引优秀人才加入创新创业教育事业，更能激发教师的工作热情，调动其投身教学、科研的积极性。

科学设计的薪酬激励机制，需要充分考虑创新创业教育的特点和教师的实际需求。与传统学科教学相比，创新创业教育对教师的综合素质提出了更高要求。除了扎实的理论基础和实践技能外，创新创业教育教师还需具备开拓创新的思维、敏锐的市场洞察力、出色的沟通协调能力等。对这些素质的培养和提升，往往需要教师投入大量的时间和精力。因此，薪酬激励机制应体现对教师付出的充分认可，要为其专业成长提供物质保障。

具体而言，高校可以从基本工资、绩效奖金、福利待遇等多个方面入手，构建多元化的薪酬体系。在基本工资方面，可以根据教师的学历背景、教学科研成果、实践经验等因素，实行差异化的薪酬标准。对于业绩突出、贡献卓著的教师，还可以设立专项津贴，给予其重点奖励。在绩效奖金方面，可以将教师的教学质量、科研产出、指导学生创业项目的成效等纳入考核指标，并与奖金分配直接挂钩。这种“多劳多得”的激励方式，有利于调动教师的工作积极性，推动其不断提升自己的教学科研水平。在福利待遇方面，高校可以为创新创业教育教师提供更多的进修培训、学术交流的机会，资助其参与到国内外高水平会议之中，拓宽其国际视野。同时，还可以在住房、医疗、子女教育等方面给予其适当倾斜，切实改善教师的工作生活条件。

薪酬激励虽然重要，但并非创新创业教育师资队伍建设的全部。在实践中，高校还需注重人文关怀，营造良好的学术环境和团队氛围。通过定期开展教学沙龙、经验交流等活动，搭建教师交流互鉴的平台；组织师生共同参与创新创业项目，增进彼此了解和信任；关注教师的职业发展诉求，为其提供多元化的成长路径。唯有如此，才能最大限度地激发教师的内生动力，调动其投身创新创业教育的积极性和创造性。

（二）奖金激励

奖金作为物质激励的重要形式，在推动大学生创新创业教育师资队伍建设方面发挥着不可替代的作用。合理设置奖金项目，科学确定奖金标准，能够有效调动教师投身创新创业教育的积极性和创造性，促进其教学能力和专业素养的持续提升。

1. 激励导向

从激励导向来看，奖金的设置应紧密围绕创新创业教育的核心目标和关键任务。对于在创新创业课程建设、教学方法改革、实践项目指导等方面取得了突出成绩的教师，可以为他们设立专项奖励，以表彰其在推动创新创业教育发展中的重要贡献。同时，还可以设置团队奖，鼓励教师组建跨学科、跨领域的教学团队，协同开展创新创业教育教学研究与实践探索。这不仅有利于整合优质教学资源，而且能够营造良性的团队竞争氛围，为创新创业教育注入持久的动力。

2. 奖金标准

从奖金标准来看，应在全面考虑学校财力状况、创新创业教育发展水平等因素的基础上，制定科学合理的奖金方案。奖金数额既要体现学校对创新创业教育工作的重视程度，又要与教师的实际工作量和绩效表现相匹配。对于业绩突出的优秀教师，可以在基础奖励的基础上给予其额外的倾斜支持，以进一步强化正向激励效应。与此同时，奖金发放还应兼顾公平性原则，避免“大锅饭”式的平均主义分配，要切实发挥奖金的导向作用和激励功能。

3. 实施机制

从实施机制来看，奖金评定应建立在客观公正的绩效考核基础之上。学校需要制定科学规范的考核指标体系，全面评估教师在创新创业教育领域的工作实绩和发展潜力。考核指标应涵盖教学质量、科研成果、社会服务等多个维度，既要重视教师的教学投入和教学效果，也要关注其在创新创业理论研究、成果转化应用等方面的突出表现。同时，考核过程应充分吸收学生、家长、企业等利益相关方的意见和建议，提高考核结果的客观性和公信力。考核结果应与奖金发放直接挂钩，形成优胜劣汰、奖优罚劣的激励约束机制。

（三）资源支持

资源支持是大学生创新创业教育师资队伍建设的重要保障。高校应为创新创业教育教师提供充足的教学、科研资源，包括实验室、创新创业实践基地、科研经费等，为教师开展教学科研活动创造良好条件。

1. 完备的实验室

高校应根据创新创业教育的特点和需求，建设一批具有鲜明创新创业特色的实验室，为其配备先进的仪器设备，满足新技术、新工艺、新方法的教学需要。同时，高校还应积极拓展校外资源，与地方政府、行业企业合作共建创新创业实践基地，为教师和学生提供真实的创业环境和实践机会。通过在实践中积累经验、锤炼能力，创新创业教育教师的实践教学水平和创业指导能力将得到显著提升。

2. 科研经费支持

高校应设立专门的创新创业教育研究项目和经费，鼓励教师开展创新创业教育教学方法、人才培养模式等方面的研究。对于取得突出研究成果的教师，高校还可给予其重点扶持，使其进一步深化研究。通过科研项目的实施，创新创业教育教师能够及时掌握学科前沿动态，拓宽学术视野，增强教育教学的科学性和前瞻性。

3. 丰富的信息资源

高校应积极构建创新创业教育资源库，广泛收集国内外的优秀创新创业教育课程、教材、案例等资源，并为师生提供便捷的共享渠道。图书馆、专业数据库等也应全面收录创新创业类图书期刊和其他文献，以满足师生查阅需求。与此同时，高校还应定期邀请知名创业导师、创业成功校友来校举办讲座，与教师分享创业经验、前沿趋势，拓宽教师视野。信息资源的丰富和畅通，能够帮助教师及时更新知识结构，优化教学内容。

4. 师资博览会、教学成果展等交流平台

高校应定期举办创新创业教育主题的教学研讨会、经验交流会，为教师搭建一个展示教学成果、分享教学经验的平台。有针对性地开展教学技能大赛、优质课程评选，则能够激发广大教师投身教学的积极性。通过交流互鉴，教师能够学习和借鉴优秀同行的教学理念和方法，查找自身不足，促进自身教学水平的提升。交流平台的建设，有助于在校园内形成浓厚的创新创业教育氛围，还可以增强教师的获得感和荣誉感。

二、大学生创新创业教育师资队伍的精神激励措施

（一）荣誉与表彰

荣誉与表彰是在大学生创新创业教育师资队伍建设中不可或缺的精神激励措施。对于辛勤工作在创新创业教育一线的教师来说，荣誉与表彰不仅是对其付出的肯定和认可，更是激励他们不断进取、追求卓越的强大动力。通过设立各类奖项、开展表彰活动，高校可以营造尊师重教的良好氛围，引导更多优秀人才投身到创新创业教育事业中。

从个人层面来看，荣誉与表彰有助于增强创新创业教育教师的职业认同感和自豪感。当他们的工作成果得到组织和社会的肯定时，会感受到自身价值的实

现，从而更加热爱并投入教育教学工作。优秀教师的先进事迹和感人风采，也会成为其他教师学习的榜样，激励他们见贤思齐、奋发向上。长此以往，高校创新创业教育师资队伍的积极性和创造力必将得到极大提升。

从组织层面来看，完善的荣誉表彰机制是推动创新创业教育科学发展的制度保障。一方面，高校可以通过设置不同类型的奖项，引导教师围绕人才培养目标开展教学改革和实践探索。例如，设立教学名师奖、教学成果奖、优秀指导教师奖等，以此来鼓励教师在教学内容、教学方法、实践指导等方面积极创新。另一方面，高校还可以将荣誉表彰与教师的职称评定、岗位晋升等挂钩，为优秀教师搭建职业发展的"快车道"。这不仅能够最大限度地调动教师的积极性，也有利于吸引和稳定高层次创新创业教育人才。

在设计荣誉表彰机制时，高校需注重公平公正与发展导向的统一。评选标准应该突出教学质量和育人实效，综合考量教师在教学、科研、指导服务等方面的表现。同时，高校还应该创新表彰方式，注重发挥荣誉的示范引领作用。除了传统的表彰大会，高校还可以充分利用新媒体平台，讲好优秀教师的故事，扩大荣誉的社会影响力。可以邀请荣誉获得者开展经验交流、专题讲座，以"以点带面"的方式来带动更多教师投身创新创业教育。

高校还应该加强对获奖教师的后续支持和服务，为他们提供更多的培训进修、交流研讨的机会，帮助其不断拓宽视野、更新知识、提升能力。鼓励优秀教师承担重大教学和科研项目，让他们在创新创业教育实践中发挥引领和辐射作用。对于做出突出贡献的杰出教师，高校还可以考虑在职称评审、岗位聘任等方面给予他们倾斜，让他们"干有所获、获有所值"。只有让荣誉获得者真切感受到组织的信任和期望，荣誉的激励作用才能得到最大限度地发挥。

（二）职业发展支持

职业发展支持是大学生创新创业教育师资队伍建设的重要内容，对于调动教师的积极性、提升其教学科研能力具有重要意义。职业发展规划是职业发展支持的基础，高校应该根据创新创业教育的特点和要求，为教师设计科学合理的职业发展路径。一方面，学校要明确教师的岗位职责和发展方向，帮助其确立职业目标；另一方面，学校要为教师提供必要的资源和条件，如培训进修、交流学习等机会，助力其实现职业理想。

1.职业晋升通道是推动教师专业成长的重要驱动力

传统的教师职称评定往往侧重于学术研究，而忽视了教学实践和创新创业指导的价值。这种评价导向不利于调动创新创业教育教师的工作热情，影响了教师教学质量的提升。因此，高校应该进一步拓宽教师职业发展通道，将创新创业教育实践作为职称评定的考核指标，并适当提高其权重。同时，学校还可以设置专门的创新创业教育教师岗位，为其提供更多的发展机会和空间。唯有建立科学公正的晋升机制，才能真正地激发广大教师投身创新创业教育的内生动力。

2.职业技能提升是保证创新创业教育教学质量的关键所在

创新创业教育涉及多学科知识融合，对教师的专业素养提出了更高要求。教师不仅要具备扎实的学科专业知识，还要熟悉创业管理、风险投资等实践领域，同时还需要掌握先进的教学方法和信息化手段。面对如此复杂的能力结构，高校必须加大对教师职业技能培训的支持力度。学校可以定期组织教师参加创新创业教育专题培训，使他们学习前沿理念和成功经验；鼓励教师到企业挂职锻炼，使他们了解市场需求和运作规律；支持教师参与创新创业项目指导，使他们在实践中提升教学能力。通过构建多元化、多层次的培训体系，全面提升创新创业教育教师的职业技能，进而为深化创新创业教育教学改革奠定坚实基础。

3.职业发展支持措施是保障教师权益、增强其获得感的有效途径

长期以来，高校在师资队伍建设方面存在着重使用、轻支持的问题，忽视了教师发展诉求，影响了工作积极性。对此，高校应该制定完善的教师发展支持政策，在薪酬待遇、福利保障、工作环境等方面给予其充分保障。例如，学校可以为创新创业教育教师提供专项津贴，设立优秀教学奖励基金，提供科研启动经费等，以物质激励增强教师的责任感和使命感。学校还要为教师营造良好的工作环境，提供必要的教学科研设施，营造宽松自由的学术氛围，让教师能够安心工作、幸福生活。

（三）工作环境优化

良好的工作环境是激励大学生创新创业教育师资队伍的重要因素。舒适、便利、现代化的办公条件能够让教师全身心地投入教学和科研工作，激发其内在动

力和创造潜能。因此，高校应重视优化创新创业教育教师的工作环境，为教师提供必要的硬件设施和软件支持。

在硬件设施方面，高校应为创新创业教育教师配备独立的办公室，确保其能够有安静、私密的工作空间。办公室应配备现代化的办公设备，如高性能计算机、高速打印机、高清投影仪等，以提高教师的工作效率。同时，学校还应建设专门的创新创业实验室和项目孵化基地，为教师开展实践教学和指导学生创业提供良好的平台。这些硬件设施的完善，能够让教师感受到学校对创新创业教育的重视和支持，增强其职业认同感和归属感。

在软件支持方面，高校应为创新创业教育教师营造宽松、包容的学术氛围。鼓励教师开展跨学科、跨领域的交流与合作，为其提供参加国内外学术会议、进修培训的机会，拓宽其学术视野。同时，学校还应完善创新创业教育教师的职称评聘制度，将教学质量、科研成果、创业指导效果等作为考核指标，为优秀教师提供晋升渠道。这些软件支持措施能够激发教师的工作热情，调动其积极性和创造性。

高校还应注重人文关怀，为创新创业教育教师营造温馨、和谐的工作氛围。定期组织教师沙龙、联谊活动，增进彼此的了解，促进情感交流。要关心教师的身心健康，为其提供必要的医疗保障和心理咨询服务。学校领导应主动与教师沟通，倾听他们的意见和建议，及时解决其在工作和生活中遇到的困难。这些人文关怀措施能够增强教师的归属感和幸福感，提高其工作满意度和积极性。

三、大学生创新创业教育师资队伍的绩效考核与反馈

（一）绩效考核标准

1. 建立多元化的指标体系

传统的教师考核往往偏重于教学工作量、科研成果等硬性指标，难以全面反映创新创业教育的特点和要求。因此，在设计考核标准时，既要考虑教师的教学时数、授课质量、教学评价等基本要素，也要重视其在指导学生创新创业实践、开展校企合作、参与创业项目孵化等方面的表现。同时，还应将教师参加创新创业教育培训、提升自身创业实战能力纳入考核范围之内。唯有建立涵盖教学、科研、

实践、培训等多方面的考核指标，才能准确地评估创新创业教育教师的工作绩效，激发其投身教学改革的内生动力。

2.突出过程性评价

创新创业教育不同于传统的应试教育，其教学效果往往难以用一次考试或一项成果来衡量。对创新意识、创业能力的培养是一个持续渐进的过程，需要教师在日常教学中予以悉心引导和潜移默化的影响。因此，在绩效考核中，应重视对教师平时教学表现的考查，注重学生对教师教学满意度的反馈，关注教师与学生互动交流的频率和质量。与此同时，还应跟踪教师指导学生创新创业项目的全过程，考察其在项目选题、方案设计、组织实施、风险管控等环节的工作成效。只有秉持发展性的评价理念，立足于教学全过程，才能真正地发掘出优秀的创新创业教育教师，调动起他们教书育人的积极性。

3.体现学校发展导向

绩效考核不仅是对教师工作表现的事后评价，更应成为引领教师专业发展的指挥棒。学校应根据自身的办学定位和创新创业教育规划，在绩效考核标准中明确重点考核领域和关键指标，以此来引导教师加强相关方面的教学实践与能力提升。例如，对于将创新创业教育定位为培养学生创业能力的高校，可在考核标准中突出创业实践指导、创业项目孵化等方面的考察；而对于侧重培养学生创新意识和创新能力的高校，则可强化对教师创新教学方法、指导学生参加创新创业竞赛等方面的考察。高校还应根据社会需求变化和创新创业教育发展趋势，来适时调整考核标准，引导教师及时更新自己的教学理念、优化知识结构、提升实践能力，从而保持创新创业教育的先进性和时代性。

4.坚持公平公正原则

科学合理的考核标准只有通过规范有序的考核程序才能落到实处。在考核主体方面，要充分发挥学校、教师、学生、企业等多元评价主体的作用，完善学校考核、教师互评、学生评价、企业反馈等多种评价渠道，以保证考核结果的客观性和全面性。在考核程序方面，要严格遵循民主、公开、透明的原则，将考核指标、标准、方法等提前向教师公布，自觉接受全体教师的监督。考核结果既要与教师的绩效工资、职称晋升等切身利益挂钩，调动其参加考核的积极性，也要建立申诉、复核机制，确保考核过程的公平公正。唯有做到考核主体多元化、考核程序规范化、考核结果运用制度化,才能确保绩效考核在创新创业教育师资队伍建设中能够发挥应有的激励约束作用。

(二)反馈机制设计

在大学生创新创业教育师资队伍建设的过程中,科学设计反馈机制,能够及时发现和解决考核过程中存在的问题,优化考核指标和方法,提升考核的针对性和有效性。同时,反馈机制的建立也有利于增强教师的参与感和获得感,调动其积极性和创造性,进而形成良性的激励循环。

反馈机制设计的首要原则是全面性,它应该涵盖绩效考核的各个环节,包括指标设定、过程监控、结果评价和改进建议等。只有做到全流程、全方位地反馈,才能真正发挥其诊断问题、改进工作的功能。其次,反馈机制还要讲求及时性。绩效考核反馈贵在"快"字当头,只有做到信息畅通、反应迅速,才能最大限度地降低考核偏差,提高工作效率。最后,反馈机制的设计还应强调针对性。不同的教师在教学能力、科研水平、指导经验等方面存在差异,因此在反馈时要因人而异、有的放矢,切实解决每位教师的实际困难,帮助其取得进步。

在具体实践中,大学可以通过多种途径来构建反馈机制。定期召开座谈会,是听取教师心声、了解考核实效的重要渠道。通过面对面的交流和讨论,管理者能够直接获取第一手资料,掌握考核工作的进展和难点。与此同时,借助信息化手段来搭建网络反馈平台,也是对优化考核过程的有益尝试。教师可以通过平台随时提交自己的意见和建议,管理者则可以对此进行快速分类、分析,并做出及时回应。此外,建立教师参与的考核委员会,赋予他们更多的话语权,也是完善反馈机制的重要举措。教师不仅是考核的对象,也应成为考核的主体。他们对教育教学和人才培养有着更为深刻的认识和体会,代表性建议应当成为考核改革的重要依据。

(三)反馈结果应用

绩效反馈结果的有效应用是完善大学生创新创业教育师资队伍激励机制的关键环节。通过科学合理的绩效考核,教育管理者能够全面、客观地了解教师的工作表现,发现其中存在的问题和不足。但若考核结果仅停留于形式层面,未能切实应用于教学实践之中,则难以真正发挥绩效管理的积极作用,而且会挫伤教师的工作积极性。

要充分发挥绩效反馈的激励效果，首先需要建立畅通的沟通渠道。管理者应与教师进行深入的交流，传达考核结果，分析优势与劣势所在，共同探讨改进策略。在此过程中，管理者要以开放、包容的态度去倾听教师心声，尊重其主体地位，调动其主动性。同时，反馈信息要具体、清晰，避免笼统、模糊的评价，为教师的改进指明方向。

其次，绩效反馈结果应与教师的职业发展紧密结合。一方面，表现优异的教师应得到奖励和认可，如评选优秀教师、提供进修深造机会等，以强化其内在动机，激发持续进步的动力。另一方面，对于暴露出问题的教师，管理者要帮助其查找原因，提供针对性的培训和指导，促进其专业成长。绩效反馈不应是一次性的事件，而应融入教师发展的全过程，进而形成持续改进、不断提升的良性循环。

再次，高校应建立健全绩效反馈的应用机制，将考核结果与教师的岗位聘任、职称评定、薪酬分配等挂钩。只有将绩效管理落到实处，形成奖优惩劣的利益导向，才能最大限度地调动教师的积极性，推动其不断进步。同时，应用机制的建设要兼顾公平与效率，做到规则明确、操作规范、结果公开，以确保绩效管理能够在阳光下运行。

最后，高校应注重对绩效反馈结果的系统应用，统筹考虑教学、科研、管理、服务等各方面因素，全面评估教师工作绩效。片面追求单一指标，忽视教师发展的整体性和协调性，不仅无益于激发其内生动力，反而可能引发片面追逐、数量至上等问题，从而背离创新创业教育的初心和本质。系统应用绩效反馈，需要科学设置考核指标，合理确定权重，兼顾共性要求与个性特点，着眼于当前需要和长远发展，最终实现教师个人、学生发展和学校整体目标的协同共进。

第三节　大学生创新创业教育双师型教师队伍建设

一、大学生创新创业教育双师型教师队伍的多样化特质

(一)学科交叉背景的重要性

双师型教师队伍建设对于提升大学生创新创业教育质量至关重要，而学科交叉背景是双师型教师必备的基本素质之一。当前，创新创业教育已突破单一学科的局限，呈现出多学科融合、跨界创新的发展趋势。拥有交叉学科背景的教师，能

够从多个学科视角来审视创新创业问题,激发学生全新的思路和灵感,培养其批判性和创造性的思维。

从知识层面来看,交叉学科背景有助于教师构建起宽广而扎实的知识体系。创新创业活动涉及管理、经济、法律、技术等诸多领域,是一项复杂的系统工程。单一学科背景的教师难以全面把握创新创业的内在规律和外部环境,因此容易导致教学内容狭隘、知识结构单一的问题。而具备跨学科知识储备的教师,能够从战略高度来审视创新创业,纵横捭阖、触类旁通,为学生提供更加全面、系统的指导。他们不仅能讲授专业理论知识,还能引导学生将不同学科的概念、方法融会贯通,拓宽其知识视野和思维空间。

从能力层面来看,交叉学科背景有利于教师培养学生的关键能力。创新创业不仅需要专业技能,更需要问题解决、资源整合、团队协作等综合素质。单一学科训练往往强调对已有知识的掌握和运用,而交叉学科教育则更加注重能力的迁移和拓展。有跨学科背景的教师善于引导学生发现和界定问题,鼓励其尝试多种思路和方法,将不同学科的优势和资源加以整合,形成系统的解决方案。在此过程中,学生的逻辑思辨力、批判性思维、创新意识等能够得到充分的锻炼,为未来的创新创业实践奠定了坚实基础。

从素质层面来看,交叉学科背景有助于教师塑造学生的创新创业家精神。创新创业是一项充满挑战和不确定性的事业,需要坚忍的意志和乐观的态度。具备跨学科视野的教师,往往有着更加开放包容的心态和更强的抗压能力。他们能充分认识到不同学科之间的差异和张力,从多元文化的碰撞中获得智慧和力量。这种态度和精神能够潜移默化地影响学生,帮助其形成积极进取、勇于开拓的价值观念。长此以往,学生不仅能掌握知识技能,更能具备家国情怀和使命担当意识,成长为新时代创新创业的生力军。

教师交叉学科背景的丰富性,也有利于创新创业教育模式的变革。传统的创新创业教育往往采用“教师讲授为主、案例分析为辅”的模式,却忽视了学生的主体性和差异性需求。而拥有跨学科背景的教师,能够针对不同专业、不同层次的学生,因材施教、深度定制,设计出更加灵活多样的教学方案。他们善于运用启发式、探究式、参与式等教学方法,营造开放互动的课堂氛围,充分调动学生的积极性和创造力。这种“以生为本”的教育理念,必将推动创新创业教育从“单向灌输”走向“双向互动”,进而不断提升人才培养的适应性和有效性。

(二)理论教学与实践指导的融合

理论教学与实践指导的融合是大学生创新创业教育双师型教师队伍建设的重要内容。这一融合不仅有助于提升教师的教学质量,更能够提升学生的创新创业能力。双师型教师不仅要具备扎实的理论知识,更需要丰富的实践经验。只有将两者进行有机结合,才能真正实现创新创业教育的目标。

从理论教学的角度来看,双师型教师需要深入理解创新创业的内在规律和发展趋势。他们应该系统掌握创业学、管理学、经济学等相关学科的基本理论,构建起完整的知识体系。同时,教师还要紧跟创新创业教育的前沿动态,及时更新教学内容,引入最新的理论成果和实践案例。只有这样,才能够使理论教学具有前瞻性和指导性,激发学生的创新思维和创业热情。

从实践指导的角度来看,双师型教师需要具备丰富的创业实战经验。他们应该深入地了解在创业过程中可能遇到的各种问题和挑战,掌握解决问题的实用方法和技巧。教师还要积极参与创业实践活动,如指导学生参加创业大赛、组织创业沙龙等,在实践中不断总结经验教训。只有将自身的实践经验与理论知识相结合,教师才能够为学生提供有针对性的指导,帮助其规避创业风险,提高创业成功率。

此外,理论教学与实践指导的融合还需要学校和社会的大力支持。学校应该为双师型教师搭建产学研合作平台,鼓励其深度参与企业实践和科研项目。同时,学校还要完善相关政策制度,如教师考核评价、职称晋升等,充分调动教师投身创新创业教育的积极性。而社会各界则应该为大学生创新创业提供更多的资源和机会,如创业基金、孵化器等,为双师型教师队伍建设营造良好的外部环境。

(三)文化多样性背景的融入

在大学生创新创业教育双师型教师队伍建设的过程中,文化多样性背景的融入具有重要意义。这一背景不仅能为教师提供更广阔的视野和更丰富的知识储备,还能帮助他们更好地理解和引导不同文化背景的学生,在教学实践中实现多元文化的交流与碰撞。

在当前全球化的时代背景下,大学生群体日趋多元化,不同文化背景的学生携带着各自独特的价值观念、行为方式和思维模式步入校园。作为创新创业教育的引路人,双师型教师必须学会换位思考,能够站在不同文化视角审视问题,才能真正理解学生的内心世界,满足其差异化的学习需求。同时,教师还要主动学习多元文化知识，拓宽国际视野，提升文化包容力和文化敏感性，在教学过程中引导学生正确认识文化差异，培养其跨文化交往能力和全球公民意识。

不同文化蕴含着丰富的创新创业元素，教师可以从中汲取灵感，丰富案例库，设计出富有特色、贴近学生生活的教学项目。例如，教师可以引入不同国家和地区的创业故事，分析其成功要素和文化内涵，启发学生多角度地思考问题；又如，教师可以设计跨文化情境的创新实践任务，让学生在模拟的商业环境中体验文化冲突与融合，提升其跨文化协作能力。这些尝试不仅能够提高教学的针对性和实效性，更能激发学生的好奇心和探索欲，培养其文化创新力。

将文化多样性背景融入双师型教师队伍建设，还有助于推动不同文化间的交流互鉴。通过吸纳不同文化背景的优秀人才加入教师队伍，鼓励教师开展跨文化教研合作，学校可以搭建起多元文化交汇的平台。在这一平台上，教师可以分享各自的文化见解和教学经验，碰撞出教育教学的新思路、新方法；学生也能够通过与不同文化背景的教师互动，开阔眼界，增强文化自信。久而久之，学校将形成兼容并蓄、多元一体的教学文化氛围，能够为创新创业人才的培养提供肥沃土壤。

二、大学生创新创业教育双师型教师队伍的能力要求

（一）教学能力

高校要培养创新创业人才，必须拥有一支教学水平过硬、教学方法多样、教学理念先进的优秀师资队伍。双师型教师不仅要具备扎实的理论功底和专业知识，更要掌握先进的教学方法和技巧，善于运用案例教学、项目教学、启发式教学等多种教学手段，调动学生学习的主动性和积极性。

在知识传授方面，双师型教师要根据专业特点和人才培养目标，来精心设计教学内容，合理安排教学进度，确保教学的系统性和完整性。他们要善于将理论知识与实践应用相结合，引导学生将所学知识内化为创新创业能力。同时，双师型教师还要关注学科前沿动态，及时更新教学内容，引入最新的科研成果和实践案例，拓宽学生的知识视野。

在能力培养方面，双师型教师要着眼于对学生创新精神和实践能力的提升。他们要在教学过程中设置开放性问题，鼓励学生进行探索性学习和自主研究；要开展各类创新创业实践活动，为学生提供动手实践、团队协作的机会；要重视学生批判性思维和问题解决能力的训练，引导其运用所学知识来分析和解决实际问题。

在师生互动方面，双师型教师要建立平等的师生关系。他们要尊重学生的个性特点和发展需求，因材施教，给予学生更多的选择和发展的空间；要关注每一个学生的学习状况和心理动态，及时给予他们指导和帮助；要营造宽松、愉悦的课堂氛围，鼓励学生畅所欲言，激发其创新灵感和学习热情。

（二）实践经验

实践经验是大学生创新创业教育双师型教师队伍建设的关键要素之一。双师型教师不仅需要扎实的理论基础，更需要丰富的创业实战经验。只有亲身经历过创业的艰辛与挑战，才能够真正地理解创业的本质，洞察创业过程中的种种困难和风险，从而为学生提供更加全面、深入、富有针对性的指导。

从知识层面来看，具有丰富实践经验的双师型教师能够将创业理论与实践相结合，用生动、鲜活的案例阐释抽象的概念和原理。他们可以根据自身的创业历程，向学生讲述市场调研、商业计划书撰写、融资、团队管理、危机应对等各个环节的实操技巧和注意事项。这种基于真实情境的教学，不仅能够激发学生的学习兴趣，还能帮助他们建构起完整、系统的创业知识体系，夯实他们的理论基础。

从能力层面来看，有实践经验的双师型教师更加注重培养学生的创业实践能力。他们深知在创业过程中所需的关键技能，如资源整合能力、风险管控能力、领导力、执行力等，因此会在教学中给予这些能力更多的关注。通过设计各种实践活动，如创业模拟、案例分析、实战演练等，双师型教师能够引导学生在实践中强化技能，积累经验。在这一过程中，学生的创业素养可以得到全面提升，为他们未来的创业之路奠定了坚实基础。

从情感态度层面来看，拥有实践经历的双师型教师往往对创业有着更加积极、乐观的态度。他们亲身体验过创业的艰辛，但也收获了成功的喜悦。这种积极的情感体验能够潜移默化地影响学生，帮助其树立起创业信心，激发其创业热情。同时，在创业实践中历经挫折的双师型教师通常具有更加顽强的意志品质和更加务实的工作态度。他们可以用自己的行动去影响和感染学生，引导学生以积极的心态去面对创业中的困难和压力，培养学生诚实、务实的创业品德。

从创新创业教育教学模式来看，有实践背景的双师型教师更倾向于开展体验式、项目制的教学。他们会根据创业流程的不同阶段设计教学内容，带领学生以团队的形式来开展市场调研、产品设计、营销策划等实践活动，引导学生在真实的创业环境中学习和成长。这种以项目为导向的教学方式打破了传统的“以教师为中心”的格局，让学生成为学习的主人，极大提高了学生的参与度和获得感。在完成一个个创业项目的过程中，学生的创新意识、创业能力、团队协作等各方面素质都得到了锻炼和提升。

（三）协作能力

大学生创新创业教育双师型教师队伍建设中，对教师协作能力的培养至关重要。教师协作不仅体现在与学生、同事之间的互动，更体现在跨学科、跨领域的交流与合作中。双师型教师既要具备扎实的理论功底，又要积累丰富的实践经验，这就要求他们具有开放的心态，善于与不同背景的人沟通，能够整合各方资源，携手探索创新创业教育的有效路径。

1. 教师协作能力的核心在于凝聚共识、整合资源

双师型教师来自不同学科领域，既有理工科背景，又有人文社科背景。他们的知识结构、思维方式各不相同，如何在差异中找到契合点，形成合力，是考验教师协作能力的关键。为此，教师应主动跨出自己的专业领域，了解其他学科的理论前沿和实践动态，在交流碰撞中拓宽视野，激发灵感。同时，教师还要善于捕捉各方需求，整合校内外资源，为学生的创新创业实践提供支持。这就要求教师具备良好的组织协调能力，能够统筹兼顾、各方协调，最大限度地发挥资源效用。

2. 教师协作能力的提升有赖于制度环境的优化

学校应搭建跨学科交流的平台，定期组织教师沙龙、研讨会等活动，为不同领域的教师提供对话空间。同时，学校还应完善教师考核评价机制，将跨学科合作项目、团队成果纳入考核范畴，以制度化的方式来激励教师开展协作。此外，学校可以引入企业导师、创业成功者等校外力量，为教师搭建与业界交流的桥梁，帮助他们及时更新知识，校准能力结构，从而更好地指导学生创新创业。

三、大学生创新创业教育双师型教师队伍的建设实践

（一）建设目标与规划

建设目标与规划是大学生创新创业教育双师型教师队伍建设的重要前提和基础。只有制定科学合理的建设目标，并在此基础上精心设计切实可行的建设规划，才能为双师型教师队伍建设指明方向，提供路径，确保建设工作能够有序推进、扎实开展。

在制定双师型教师队伍建设目标时，首先要立足于学校实际，充分考虑学校的办学定位、学科特色、人才培养目标等因素。不同类型、不同层次的高校，其创新创业教育的重点和侧重点会存在差异，相应地，对双师型教师的需求也各不相同。因此，高校要根据自身发展战略和人才培养要求，结合创新创业教育的特点，科学地设定双师型教师队伍建设目标。总体而言，建设目标应包括规模、结构、素质等方面的具体要求，既要注重数量，更要重视质量；既要满足当前需要，更要着眼长远发展。

明确了建设目标，高校需制定周密的建设规划，对双师型教师队伍建设的各项任务进行统筹安排。一方面，要根据目标要求，合理地确定阶段性任务，分步实施，稳步推进。通过分解目标，细化任务，明确责任，确保建设工作能够有计划、有重点、有成效。另一方面，要整合各方资源，创新工作机制，为双师型教师队伍建设提供有力保障。比如，在制度建设方面，要健全双师型教师选拔、培养、考核、激励等管理制度；在经费投入方面，要加大对双师型教师队伍建设的支持力度，设立专项资金；在环境营造方面，要大力宣传双师型教师的重要性和必要性，营造重视与支持双师型教师发展的良好氛围。

高校还应注重双师型教师队伍建设规划的动态调整和持续优化。一是要加强调研分析，及时掌握双师型教师队伍建设的进展情况，发现和解决在建设过程中出现的新情况、新问题。二是要强化过程管理，定期对建设规划进行评估检查，客观总结经验做法，查找差距不足，并据此来调整完善后续工作。三是要注重建设实效，建立健全双师型教师队伍建设的绩效评价机制，将建设目标完成情况与学校相关部门和责任人的考核挂钩，激励各方协同发力，进而形成建设合力。

(二)教师培训与发展

教师培训与发展是大学生创新创业教育双师型教师队伍建设的关键举措。面对创新创业教育的新要求，高校亟须建立健全教师培训与发展机制，不断提升教师的专业素质和实践能力，为双师型教师队伍的建设提供有力支撑。

1.培训是提高教师专业水平的有效途径

高校应根据创新创业教育的特点和需求，有针对性地开展教师培训。一方面，要加强理论培训，帮助教师深入理解创新创业教育的内涵和规律，掌握相关的教育教学理论和方法。另一方面，要重视实践培训，通过专题研讨、案例分析、实地考察等多种形式，提升教师指导学生创新创业实践的能力。此外，高校还应积极开展校际交流与合作，选派优秀教师到国内外高校、科研机构、企业进行访学或挂职锻炼，拓宽教师的国际视野，提高其创新创业教育的理论水平和实践能力。

2.发展是激发教师内生动力的根本保障

高校应完善教师发展机制，为双师型教师提供良好的职业发展平台和成长空间。首先，要建立科学合理的教师评价体系，将创新创业教育的绩效纳入考核范围之内，引导教师积极投身创新创业教育实践。其次，要搭建教师发展平台，定期举办教学研讨、教学竞赛等活动，为教师提供展示与交流的机会，营造重视创新创业教育的良好氛围。最后，要完善教师激励机制，在职称评聘、科研立项、津贴分配等方面向创新创业教育倾斜，调动教师参与到创新创业教育之中的积极性和主动性。

（三）校企合作与交流

在创新创业教育日益受到重视的今天，高校与企业携手共建“双师型”教师队伍已经成为提升人才培养质量的关键举措。校企合作不仅能够为教师提供真实的创业环境和实践平台，帮助其深入地理解创业规律、把握创业动态，更能够促进教师教学理念和教学方法的更新，使创新创业教育能够更加贴近社会需求和市场脉搏。

对高校教师而言，走进企业、深入一线是提升创新创业教育能力的必由之路。通过参与企业研发项目、跟踪创业团队成长，教师能够直观地感受到创业过程的艰辛和创业成功的喜悦，积累宝贵的创业知识和经验。这些鲜活的素材和体验，将为教师开展生动、实效的创新创业教学提供源源不断的滋养。同时，教师还可以通过校企合作平台，与企业导师开展深度交流，学习企业先进的管理理念和运作模式，拓宽创新创业教育的视野。

对企业而言，参与高校创新创业教育是其履行社会责任、实现自身发展的重要方式。通过派遣优秀的企业导师走进校园，指导大学生的创新创业项目，企业可以发掘和培育潜在的创业人才，为自身发展储备新生力量。同时，企业还可以借助高校的科研优势和人才优势，开展前瞻性技术研发活动，提升自主创新能力。这种“产学研”一体化的协同创新，将为企业的转型升级注入强大动力。

为了推动校企合作的深入开展，构建“双师型”教师队伍，高校和企业还需要建立长效机制，完善政策保障。一方面，高校要将教师参与企业实践作为教师发展的必要环节，将其纳入教师考核和职称评定体系，并给予其相应的工作量认定和经费支持。另一方面，企业也要转变观念，将参与创新创业教育作为自身发展战略的重要组成部分，在人力、物力、财力等方面给予其充分保障。同时，政府部门还应制定相关优惠政策，鼓励和引导更多企业参与到创新创业教育中来。

参考文献

[1]张端艳.大学生创新创业教育培养体系构建研究[M].延吉:延边大学出版社,2023.

[2]黎博,曾依依,唐星星.大学生创新创业教育模式新模式研究[M].北京:中国原子能出版社,2023.

[3]曾宪立.大学生创新创业教育体系的构建[M].哈尔滨:哈尔滨出版社,2023.

[4]徐红娟.大学生创新创业教育[M].西安:西安交通大学出版社,2024.

[5]龙明慧.人工智能背景下大学生创新创业实践研究[M].成都:电子科技大学出版社,2024.

[6]孙得春,韩明辉.大学生创新创业教育[M].天津:天津大学出版社,2024.

[7]丁宁,王凡.大学生职业发展与创业就业指导[M].北京:高等教育出版社,2024.

[8]胡雪梅,贾杏.大学生创业基础[M].北京:人民邮电出版社,2024.

[9]胡旻晖.新时代大学生就业与创新创业教育[M].北京:海洋出版社,2024.

[10]林晓筱."互联网+"背景下大学生创新创业教育理论与实践研究[M].延吉:延边大学出版社,2023.

[11]黄萍.高校创新创业人才培养教育改革研究[M].北京:中国原子能出版社,2024.

[12]聂强,郑栋之.大学生创新创业实践指导教程[M].北京:北京理工大学出版社,2024.

[13]李继.大学生创新创业教育与实践研究[M].北京:北京工业大学出版社,2023.

[14]吴文彬,吴勇.创新创业教育[M].北京:高等教育出版社,2024.

[15]郑琦.高职院校大学生创新创业教育研究[M].湘潭:湘潭大学出版社,2023.